目——录

"地方治理创新"研究丛书

浙江省重点智库"全面从严治党研究中心"资助成果

"治安承包" 法治化研究

理论框架、实践模式与制度设计

金晓伟——著

ZHEJIANG UNIVERSITY PRESS

浙江大学出版社

图书在版编目（CIP）数据

"治安承包"法治化研究：理论框架、实践模式与
制度设计/金晓伟著. — 杭州：浙江大学出版社，2022.6
ISBN 978-7-308-22642-4

Ⅰ.①治… Ⅱ.①金… Ⅲ.①社会治安－治安管理－
中国－文集 Ⅳ.①D631.4-53

中国版本图书馆 CIP 数据核字（2022）第085399号

"治安承包"法治化研究——理论框架、实践模式与制度设计
金晓伟 著

责任编辑	钱济平
责任校对	许艺涛
封面设计	项梦怡
排　　版	杭州兴邦电子印务有限公司
出版发行	浙江大学出版社
	（杭州市天目山路148号　邮政编码310007）
	（网址：http://www.zjupress.com）
印　　刷	广东虎彩云印刷有限公司绍兴分公司
开　　本	710mm×1000mm　1/16
印　　张	14
字　　数	181千
版 印 次	2022年6月第1版　2022年6月第1次印刷
书　　号	ISBN 978-7-308-22642-4
定　　价	68.00元

浙江大学出版社市场运营中心联系方式：（0571）88925591；http://zjdxcbs.tmall.com

1 绪 论

1.1 背景及研究缘起

学界存在一种对我国社会的基本且带有共识性的判断，即我国正在经历社会体制、社会结构以及社会形态的三重转型和变迁。[①] 其中，在社会、政治、经济、文化、生态等不同领域中发生过或正在发生的深刻变化都得以概括，而"转型社会"或"社会转型"亦被描述成诸多矛盾的根源或问题的缘由，成为各领域的相关理论需要解释、回应或调整、变革的压力背景。显然，一项以中国问题为关怀的研究，至少应当首先进入这一基本前提的观察和思考之中，法学研究亦是如此。一般而言，"中国问题"主要包括其他国家没有而中国特有的问题和世界各国普遍存在的问题中的中国元素。[②] 因此，身处在中国的改革和法治建设进入全面深化、全面推进和加速发展的新时期（或者说转型时期），如何在行政法学的视野中选择并研究一个合适的中国问题成为笔者研究的出发点与落脚点。

---

① 王石泉.转型社会的中国公共行政:挑战、变革与创新[J].中国行政管理，2013(9):15.

② 张广兴.法学研究应强化中国问题意识[N].中国社会科学报，2016-12-28(4).

事实上，为了适应新的法治要求，在官方倡导与学界助推的双重态势之下，我国行政法学的研究范式已经开始转换，即从传统的行政管制模式向新的国家治理模式（新行政法）转换，具体可描述为从管理向治理、从硬法向软法、从静态向动态的三大变动趋势。[1]在此背景之下，笔者循着前述提及的思路，经过相当时间的理论研习及实证观察发现，如果要从行政法的角度去分析曾经短暂出现或长期存在的，以及新近发生的诸多社会现象，无不需要在新旧理论及其研究方法和进路之间来回切换。而且，相比直接跟风式地关注一些新近涌现的问题与现象，选择一个历久弥新的问题或现象切入，或许能够更容易在新旧理论的变迁之中观察这一问题或现象，进而在现代行政法治的基本框架中找准其合适的定位。当然，除了具备本土意义的素材之外，这一问题或现象同样可以在世界各国的普遍经验中找到印证，可以借鉴西方研究成果或与之展开比较分析，从中获得灵感。可以说，本书的选题以及即将展开的研究大致缘起于这一前提性的思索。

1.2 本书的研究对象：为什么从"治安承包"切入？

1.2.1 从公私合作到"治安承包"

近年来，公私合作（Public-Private Partnership，或简称为PPP）的现象值得注意。理论上，它已经成为政治学、经济学、法学、社会学等诸多学科共同关注的热门课题；实践中，它也正在不断地通过各种形态展开。如果将目光聚焦于行政法学的研究视野，当下正在经历的行政法

---

[1] 姜明安.行政法学研究范式转换[N].人民日报,2015-09-07(20).

学范式转换的三大趋势在公私合作的理论框架下都能够得到充分体现。**其一，合作系指通过公私主体之间的协商达成合意，并以协议形式达到行政目的，这是软法运作的形式；其二，公私主体之间的合作即是合作治理的良好模式；其三，公私合作所采取的程序及其相应的过程理论则是一种动态的表征。因此，公私合作与行政法之间已经展开了互动，其与新行政法的基本范式息息相关。**公私合作的若干具体形式将成为研究或者解决当下行政管制（或规制）难题的方式。事实上，将原本由国家管理的给付、服务等具有公共职能的事项交由私人主体处理的尝试已经是普遍性现象。因为在给付、服务行政研究领域，较早地突破了传统禁止授权原则的框架，这块领域中的公私合作模式受到学界的关注与研究，也产生了相当数量的研究成果。相反，在秩序行政领域，将本质上属于政府独占的权力事项交由私人主体的现象在我国尚未引起足够的注意。原因或许在于秩序行政领域中的权力行使可能减损相对人的自由与权利，因此必须严格遵守法律保留原则。然而，由于传统管制（或规制）模式的缺陷与现实需求，公私合作模式在秩序行政领域已经有了探索与实践，这其中或多或少都涉及传统上由国家和政府拥有的核心行政权力的转移。

在我国的秩序行政领域，曾经出现且正在发生着一些公私合作的实践。根据大陆法系理论，传统意义上的秩序行政也可以称为警察行政。"警察"是良好秩序和普遍性福利的全部保障，警察权（jus politiae）的内容亦极其宽泛，它是一种包含全部可能性的总称。①或者说，公法上的"警察"概念是一个统合性概念，包括以排除或防止危险、维护公共安宁秩序为目的的一系列行政活动。将此种统合性概念重新导入，可以填补当前公法及公法学概念体系的缺口。当然，为避免直接与现代的

---

① 迈耶.德国行政法[M].刘飞,译.北京:商务印书馆,2013:32.

"警察"概念产生冲突，也可以考虑使用"秩序性作用""危险防止作用"等表达进行替代。①因此，尽管现代意义上的"警察"概念经历了"脱警察化"的变迁，逐渐成为指代实定法上的"人民警察"的语词，但是警察权在理论上并不适宜归属于政府权力的一个分支，而应是"一种主要承担秩序维持任务及可以使用特殊强制力的功能性权力"②。当我们将目光重新投向秩序行政领域中的公私合作问题时，也可以适当拓宽研究视域，关注传统警察行政领域中出现的涉及防止危险、维护公共安宁秩序的种种现象。

作为我国履行治安行政职能的核心部门（并不排除其他公共部门），公安机关承担着维护社会秩序、保障人民生命和财产安全的重要使命。然而，在转型社会，社会治安形势复杂多变，社会公共安全在供给和需求方面存在结构性的问题。一方面，长期以来公务员编制不足、财政经费短缺、警察职能泛化等问题共同形成了传统治安力量不足的局面，也使社会公共安全的整体供给呈现普遍不足的状况；另一方面，社会经济快速发展促使民众对安全的需求日益呈现出多样化的特征，而社会公共安全的基本供给无法满足部分群体的特殊要求。显然，寄希望于公共部门（公安机关）自身的改革以及传统治安管理策略的实施难以有效实现社会治安的目的，需要重视私人部门（包括市场主体和社会主体）在维护社会秩序与安全活动中的积极作用。事实上，不管是基于过去的考证还是现在的观察，都可以发现，为了消解治安领域的结构性难题，从国家和政府层面到市场和社会层面，存在着大量以"治安承包"为代表的公私合作型治安现象。例如，在20世纪80年代，我国已经有

---

① 陈鹏.公法上警察概念的变迁[J].法学研究,2017(2):24.

② 苏宇.警察权属性的考辨与反思[J].公安学研究,2021(2):1.

了治安承包责任制的尝试①，此后，各地的小范围试验如雨后春笋般开展起来，涌现出了诸多不同的地域实践模式。与此同时，还有以下现象值得关注：在《中华人民共和国民用航空法》（以下简称《民用航空法》）、《中华人民共和国海商法》（以下简称《海商法》）等法律规范的明确授权下，航空、航运公司及其工作人员实质上承担着飞机、船舶在特定时空内的治安任务；长期以来公安机关通过聘用警务辅助人员（协警）或文职人员的方式来缓解警力不足的做法，近年来也逐渐有了制度化的倾向；社会上一些组织或个人采取有偿或自愿的形式参与社会秩序与安全的维护；等等。这些现象的共通点是都出现了私人组织或个人参与防止危险、维护公共安宁秩序的活动，涉及社会治安任务在公私部门之间的重新配置，这是否也属于"治安承包"范畴或是其概念的合理衍生呢？至少有一点可以确定，"治安承包"是一个由我国本土生成的包容性较强的概念，其过去、现在和未来的内容及形态可能不仅仅如字面上这么简单。经历了较为长期的发展变迁之后，其有了较为丰富的经验材料可供研究，且其本质上具有公私合作的色彩，可以与域外的相关做法或制度展开比较研究，并且能够在此过程中进行新旧行政法理论之间的切换。换言之，"治安承包"问题契合了选题背景及研究缘起部分的三项基本设定。

基于此，本书选取"治安承包"这一秩序行政领域的公私合作现象作为研究对象，意在通过对"治安承包"实践模式的剖析和合宪性、合法性的考察，回应其运作过程中引发的若干疑问，并找到支撑其正当性的基础理论，促使社会治安策略和政策的调整，进而逐步构建具有现代意义的"治安承包"法律框架，为合作型治安模式在我国的展开提供制

① 曹子东.关于广东省南海、顺德两县推行治安承包责任制的调查报告[J].中国法学,1985(1):61-65.

度依据。具体而言，"治安承包"的法律性质、承包方的权力来源、承包的范围及其界限、运行模式、程序规则、不同角色的权利义务及责任分配、纠纷解决及救济制度等问题都需要逐一澄清，从而形成具体的规范指引，统一实践中较为混乱的做法。**必须承认的是，以"治安承包"为代表的社会治安合作治理模式并非中国当下解决社会治安问题的唯一答案，公共行政部门自身的改革同样具有现实意义。**当然，对"治安承包"所展开的分析以及后续的制度升华，符合了"试验—立法"的法治改革路径，将为其他秩序领域的公私合作模式提供制度借鉴，并在一定程度上反哺公共行政部门的改革，共同助推国家治理能力和治理体系迈向现代化。

1.2.2 关于本书题目及研究范畴的适当澄清

前述提及，对"治安承包"的研究以秩序行政领域的公私合作动向为前提背景。然而，环视国内外的相关研究，诸如"民营化""私有化""私人化""私部门化""行政私化"等不同议题或话语，似乎都可用以描述公私合作的趋势。①尽管这证明公私合作的价值和意义已经得到世界范围内的认可，但在一定程度上造成了理解的混乱和学术对话上的分歧。因此，在公私合作的框架之下，有必要对本书的题目——"'治安承包'法治化研究"中包含的语词及其指涉的研究范畴予以适当澄清，以更有利于在既定的话语体系中展开研究与对话。具体包括以下三点。

第一，本书将以"法治化"的思路观察、分析"治安承包"的现象和问题。结合我国国情，"法治化"一词包含了合政策性、合宪性与合法性的内容维度，而"法治化"的思路就需要从以上三个维度予以切

---

① 章志远.行政任务民营化法制研究[M].北京:中国政法大学出版社,2014:11.

入。其一，通过对以往由党和国家出台的一系列政策性文件的梳理和分析，把握我国在治安领域的总体思路和基本策略，探寻"治安承包"在我国生成的历史基础和政策环境，此即政策维度。其二，通过分析我国宪法文本和阐释宪法原理，对中国转型社会中属于"治安承包"的各种现象进行合宪性解释，此即宪法维度。其三，通过对既有法律法规的梳理以及行政法学相关理论的阐释，对中国转型社会中属于"治安承包"的各种现象进行合法性与合理性的分析，此即行政法治维度。总之，这三种维度都可以统合到"法治化"的思路当中。

第二，鉴于公法上的"警察"概念具有统合性的功能，此处的"治安"及其指涉的警察职能和任务可以说是一个较为宽泛的界定，包括所有公共部门防止危险、维护公共安宁秩序的职能和活动。当然，其中又以警察部门特别是公安机关最为典型。具体来说，出于保障国家、公共安全和维护社会治安秩序等系列目的，我国公安机关自设立之后，可谓治安行政和刑事司法的双重力量。然而，治安行政意义上的治安概念较小，不符合社会治安的一般理解。因此，可以将"治安行政"和"刑事司法"两者统合在一起，形成较为广义的治安概念。在此基础上，较为狭义的治安以及交通、消防、刑侦、禁毒、户籍、特种行业、警卫等诸多子部门的职能和任务都可以纳入治安的广义范畴之中。从规范层面上看，这也符合我国宪法、法律对待"治安"的基本立场。例如，《中华人民共和国宪法》（以下简称《宪法》）第二十八条有关"……维护社会秩序……制裁危害社会治安……活动"的规定，又如《中华人民共和国治安管理处罚法》（以下简称《治安管理处罚法》）第一条和《中华人民共和国人民警察法》（以下简称《人民警察法》）第一条都有关于"维护社会治安秩序"的规定。

第三，本书对"治安承包"的理解和界定。应当承认，"治安承包"是一种具有中国特色的公私合作现象。在此意义上，使用"治安承包"一词描述我国各地所开展的各种此类实践活动时，一般不存在理解上的问题。因此，首先存在一种现象描述式的"治安承包"概念。与此同时，笔者认为还可以形成一种理论框架式的"治安承包"概念，其除了可以涵盖过去及当下直接冠以"治安承包"的各类现象，也可以成为定义社会治安领域公私合作趋势以及其他类似现象的一种概括性用语。①尽管固有的认识是，"治安承包"必然需要具备对社会治安任务进行承包的形式，但"治安承包"的现象在本质上系国家因应社会治安形势需要，就社会治安任务在公私部门之间进行的重新配置。无论是国家和政府将部分社会治安任务通过各种形式交由私人组织或个人承担的微观活动，还是私人组织或个人基于各自原因主动或被动参与防止危险、维护公共安宁秩序的微观活动，在客观上都构成了宏观社会治安任务配置的一部分，而将公共部门的社会治安任务向私人部门配置的过程，本质上正是一种更加深层次的"承包"过程。

基于此，"治安承包"一词在本书中的内涵张力可以与"治安行政领域的公私合作"相通，是现象描述式和理论框架式的概念集合。而且，这一具有我国本土色彩的理论框架式的概念或许可以替代国内学界以往讨论公私合作议题时所提出（或移植于国外）的"民营化""私有化""私人化""私部门化""行政私化"等较为迂回或略显片面的一系列概括性语词。正如被誉为"民营化"大师的美国学者萨瓦斯也不得不承认，"私有化"一词具有高度意识形态敏感性，采取较广义的"民营化"概念或许是大陆行政法学者的普遍做法。然而，"民营化"并不是一个严谨的术语，其使用的泛化可能引起某些争议或误读。正因为如此，为了更好地体现政府进行监督性控制的剩余权力，美国学者弗里曼

---

① 如同"公用事业特许经营"一词在服务行政领域的公私合作模式中所起到的定义上的作用。

提出，将"民营化"概念限定为政府出售资产的若干情形，从而使用"外包"（近于"承包"）一词来概括其他各种"民营化"的情形将更加准确。①

事实上，公共部门和私人部门都承担着重要的角色，任何一种定义都不能失之偏颇。因此，一个较"民营化"更少引起争议的词——"公私伙伴关系"——正在被普遍接受。"公私伙伴关系"可界定为政府和私人部门之间的多样化安排，其结果是部分或传统上由政府承担的公共活动由私人部门来承担。②而在德国行政法上，"公私伙伴关系"也正被改造成为一个涵盖公共行政私有化领域中出现的各种模式的"桥梁概念"或者"纽带概念"。③换言之，除了直接采用"公私合作"这一语词，似乎其他既有的概括语词都存在一定的遮蔽性，无法全面呈现公私部门之间的互动关系。显然，在我国，用"民营化""私有化""私人化"等语词去描述在秩序行政（治安）领域的公私合作现象也存在意识形态敏感性的问题，而且容易在概念上产生混乱，不利于学术对话与交流。相反，虽然"治安承包"一词相比直接使用"公私合作"而言较为迂回，但其彰显了国家关于社会治安任务配置的基本立场，平衡了公私部门之间的不同角色作用和互动关系，基本涵盖且解释了秩序行政（治安）领域的公私合作现象，也能够展现政府主导的治安力量对社会治安力量进行监督性控制的剩余权力。此外，其作为我国本土生成的现象及概念，具有理论上的可接受性，更加适合在我国的法治语境中展开分析。

---

① 弗里曼.合作治理与新行政法[M].毕洪海,陈标冲,译.北京:商务印书馆,2010:147.

② 萨瓦斯.民营化与公私部门的伙伴关系[M].周志忍,等,译.北京:中国人民大学出版社,2002:4.

③ 沃尔夫,巴霍夫,施托贝尔.行政法（第3卷）[M].高家伟,译.北京:商务印书馆,2007:453.

1.3 国内外研究状况

前述已经提及，纵观学界现有成果，作为"治安承包"本质的公私合作现象被不同学者以"民营化""私有化""私人化""私部门化""行政私化"等语词所概括，其中以"民营化"最有代表性，围绕此问题也形成了大量的研究成果。尽管上述语词似乎都不能完整表达公私合作框架下的公私部门的不同角色和互动关系，但在梳理国内外研究状况时，应当将各种表达都予以考察，以便更为清晰地把握当前国内外研究的基本状况，例如，国外学者在研究"民营化"的过程中发现了公私合作的实质。事实上，前者与后者之间的差异只是一个依赖公共部门或私人部门的程度大小或变化趋势的问题。尽管"民营化"的研究者将变化的总趋势描述为疏离政府而亲近其他社会机构的过程，或者说更多依靠私人部门、更少依赖公共部门来满足公众需求的过程①，但其研究成果恰恰揭示了公私合作研究的大致状况。当然，在梳理国内研究状况时，则可以更为直接地针对"治安承包"的现象及其理论框架下的其他现象加以整体考察。

1.3.1 国外研究的基本状况

1.3.1.1 国外的相关现象及研究概述

"治安承包"的模式虽然极具中国特色，但在域外早已开始了类似的实践，甚至被某些国家的学者视为一种回归传统的做法。正如有国外

---

① SAVAS E S. Privation: The Key to Better Government[M]. Chatham, NJ: Chatham House, 1987:3.

学者基于对"民营化"之前的历史的考察和确认，提出了一种回归型的语词——重新民营化（reprivatize）。[1]这一语词本身就具备了证明"民营化"（公私合作）的合理性因素。可以说，世界各国大多经历过或正在经历着公私合作的实践，而同样属于政府职能的宽泛意义上的治安事项也处在这一趋势之内。国外的政治学、经济学、法学、社会学等不同研究领域的诸多学者都在公私合作的背景下考察过与我国"治安承包"相类似的域外样本，其研究视野及研究阶段都相对超前，并已形成了较为可观的研究成果。

在20世纪80年代之前，西方国家已有将供水、供电、公共医疗、公共交通、高速公路营运、公共教育、职业培训、垃圾处理、住房、市政建设等属于政府的公共服务职能进行外包的初步尝试。此后，外包的内容还逐步涉及了监狱管理、行政审批、行政许可、行政处罚等行政管理和规制领域。外包主体（即承包方）则囊括了行业协会、非政府组织、非营利组织、企业、公司等诸多市场和社会主体。待到英国撒切尔政府实施"民营化"改革之后，类似的外包做法日趋普遍，并迅速扩散至其他国家。[2]几乎在同时期，在美国里根政府的推动下，大量的市政服务被陆续通过合同的形式外包给了市场主体、社会组织或个人。经历过克林顿政府时期之后，数据处理、保安、饮食、房屋维护等相当部分的联邦机构辅助服务都可以以合同形式进行外包；而在地方政府机构层面，除了大量辅助服务之外，甚至某些面向公众的直接服务也可以直接进行合同承包。除了英国的案例，"民营化"在80年代的美国开始呈现

---

① DRUCKER P F. The Age of Discontinuity[M]. New York: Harper & Row, 1969.

② 弗里曼.合作治理与新行政法[M].毕洪海,陈标冲,译.北京:商务印书馆, 2010:8-9.

出蓬勃发展的态势，并一直延续至今。①受到英国和美国的影响，许多发达国家、发展中国家都开启了民营化进程。因此，国外的"民营化"可以说是一个跨越不同洲际、不同国度、不同党派的共识性问题。不过，关于"民营化"与"外包"两种概念的使用，弗里曼有着不同的见解。他认为，目前"民营化"的概念宽泛地包含了出售政府资产、放松管制、商品和服务的外包，等等。事实上，将"民营化"的范畴限定为政府出售资产较为合适，而其他由行政机关与私人非营利和营利公司签订合同并提供社会服务的形式则称之为"外包"，这是治理中公私合作最常见的例证。②

当然，无论是用"外包"还是"民营化"及其他语词来描述或定义，都可以发现西方国家在此过程中并未回避通过公私合作的模式来履行传统上属于国家政府的核心权力。事实上，其中具有代表性的"治安"领域就在经历着各种不同的外包实践，诸如**犯罪的预防和防范、保安、预警系统的维护、监狱管理、军事安全、消防等具体领域事项都可以通过合同形式进行外包**。需要注意的是，典型的治安服务外包模式应当与一般公共服务外包在形式上有所不同，其独特性体现在：行政机关与承包人签订协议，在外包协议中或另行规定有关管理和规制的具体规则；承包人因而需要严格依照外包协议和具体规则履行相应的管理或规制职能，同时接受行政机关的检查和监督；如行政机关发现承包人违反协议和管理、规制规则，则可以单方面撤销外包协议，从而终止该事项的外包。此外，由于承包人实质上履行了管理、规制等具有公权力形式

---

① HENING J R. Privatization in the United States: Theory and Practice [J]. Political Science Quarterly, 1989–1990, 104(4): 649–670.

② 弗里曼. 合作治理与新行政法[M]. 毕洪海，陈标冲，译. 北京：商务印书馆，2010:146.

的职能，因而自然需要接受公法对其权力的相应制约（如公开、透明、接受社会公众和媒体监督等），从而防止承包人的权力滥用和对相对人权益的减损。①

除了"外包"之外，由于在宽泛意义上"治安"一词与传统意义上的"警察"在概念上存在高度契合或交叉，"治安承包"在国外研究中还有着许多其他的表述，例如，"社区警务""民主警务""警察私有化"，等等。这些不同的语词虽然在概念的内涵和外延上各有侧重，且更加倾向于从警务改革的视角研究类似的"治安承包"现象，但它们都具有公私合作的实质，也可以纳入同一个话语体系加以讨论。具体而言，"社区警务"是西方第四次警务改革的产物，其源于美国警察部门对传统警务的反思和革新。警察部门旨在通过各种有效措施增加警察与民众之间的互动和了解，鼓励社会民众在法律限度内积极参与社区治安管理或进行自我管理。②萌芽于美国之后，"社区警务"很快因其在维护社会秩序、改善警民关系方面发挥的难以替代的作用，逐渐为其他国家所借鉴，成为世界上大多数国家和地区的首选警务理念。

总之，面对民营化（公私合作）及其典型例证"外包"，国外研究首先经历了从基本概念界定到正当性论证的研究阶段。就法学研究领域而言，大多数学者也基本围绕着合宪性和合法性分析展开研究。在此过程中，一种潜在的认识是，在传统的规则制定中，利益团体、地方社会组织等私方当事人是行政机关完整性与专业性的威胁，它们很可能是自私且不负责任的。这种固有立场使得行政机关本身承担了过重的负担，

---

① 弗里曼.合作治理与新行政法[M].毕洪海,陈标冲,译.北京:商务印书馆,2010:4.

② 吴永明.美国社区警务理论[J].公安研究,2001(3):66.

而遮蔽了非政府组织参与治理的能力。①例如，有国外学者质疑"警察私有化"之后的社会由于能力不足无法有力承担起相应职能。他在文中举例称，英国某著名国际安保公司曾经承担奥运会的安保工作，但没有按照合同承诺提供足够的安保数量，给自身以及与其签约的伦敦政府带来了极大的负面影响。②另有学者则提出了"民主警务"的两大局限，一个是警察对不可协商的武力控制，另一个是互惠信息的不平等，认为这些因素都是实现民主警务的障碍。③还有学者对警务的承接方（承包方）提出了质疑，认为更为民主的警务是基于更广阔的社会、经济和政治特征，这远不是某一个警务承担者能够解决的。④当然，晚近观点试图超越单纯的正当性或合法性分析，而是去反思和重构公私主体之间的关系和责任。⑤因此，有学者认为，国外民营化的理论研究已经开始从"前民营化"阶段的概念解析、理由证成向"后民营化"阶段的政府管制（规制）策略研究转变。⑥

---

① 弗里曼.合作治理与新行政法[M].毕洪海,陈标冲,译.北京:商务印书馆,2010:23.

② WHITE A. The Politics of Police "Privatization": A Multiple Streams Approach[J]. Criminology and Criminal Justice, 2014, 15(3): 283-299.

③ HARKIN D. S. The Police Form and the Limits of Democratic Policing [J]. British Journal of Criminology, 2015, 55(4): 730-746.

④ LISTER S, ROWE M. Electing Police and Crime Commissioners in England and Wales: Prospecting for the Democratisation of Policing[J]. Policing and Society, 2015, 25（4）: 358-377.

⑤ 弗里曼.合作治理与新行政法[M].毕洪海,陈标冲,译.北京:商务印书馆,2010:129.

⑥ 章志远.行政任务民营化法制研究[M].北京:中国政法大学出版社,2014:8.

1.3.1.2 国外研究成果介说

国外直接研究类似于"治安承包"问题的作品较少，学者们针对该问题所采取的基本做法是将其视为民营化（公私合作）理论中的一部分内容加以研究。当然，在国外警察（法）学的研究视野中，产生了不少相关的专门性研究成果。

一般认为，美国学者米尔顿·弗里德曼的代表作《资本主义与自由》（*Capitalism and Freedom*）一书奠定了西方民营化的基础理论。其后，诸如彼得·F.德鲁克的《断裂的时代》（*The Age of Discontinuity*）、R. W.普尔的《在维持基本服务的基础上减少地方税费》（*Cut Local Taxes without Reducing Essential Services*）、R. M.斯潘的《公共与私人提供政府服务》（*Public versus Private Provision of Governmental Services*）、M. N.罗思巴德的《为了新的自由：一个自由主义的宣言》（*For a New Liberty: The Libertarian Manifesto*）、唐纳德·菲斯克等人合著的《私人提供公共服务概论》（*Private Provision of Public Service: An Overview*）等西方学者的研究及著作都对民营化起到了极大的推动作用。[①]其中，E. S.萨瓦斯所著的《民营化与PPP模式：推动政府和社会资本合作》（*Public-Private Partnership*，曾被译为《民营化与公私部门的伙伴关系》）颇为著名，其本人也因此被誉为"民营化大师"，成为民营化研究的先驱与权威。美国学者除了大量关注民营化（公私合作）问题之外，还特别针对与"治安承包"类似的"警察民营化"问题展开了具体研究。例如，珍斯·F.帕斯特的《美国警察民营化：一个理论分析和案例研究》（*Privatization of Police in America*），以及阿曼（Aman）、罗宾斯（Robbins）、弗里曼（Freeman）等学者围绕美国监狱民营化改革的得失和私人参与

---

① 萨瓦斯.民营化与PPP模式:推动政府和社会资本合作[M].周志忍,等,译.北京:中国人民大学出版社,2015:13-17.

执行公共治理发表了多篇论文，其中以弗里曼的《合作治理与新行政法》最具代表性。

与此同时，世界其他国家的学者们都在不同领域中就该问题展开研究并形成了大量的研究成果。例如，由于德国警察法是现代行政法的策源地，德国关于民营化（公私合作）的研究有很大部分都围绕警察行政领域展开。在德国学者福斯特霍夫、布吉等人对于公私合作关系的塑造以及民营化分类的理论研究做出前提性贡献之后，德国学者魏伯乐所著的《私有化的局限》讨论了民营化存在的诸多问题，其中就涉及了包括警察民营化在内的诸多改革经验。此后，随着德国法的传统逐渐为日本所继受，日本学者也开始重视民营化（公私合作）的诸多问题，而"私人参与警察任务"的议题也在其中受到关注。例如，日本学者米丸恒治的著作《私人行政》在德国法与日本法的比较分析框架下对私人行政的不同现象进行了细致的比较研究，而"警察行政辅助"（或"私人参与警察任务"）的问题被予以专章讨论。可以说，自20世纪80年代以来，民营化（公私合作）的相关问题极大地吸引了国外公法学者的研究目光。

1.3.2 国内研究的基本状况

受到国外公私合作（民营化）热潮的影响，我国"后发性"地开启了民营化的研究和试验。需要注意的是，此处之所以使用"后发性"，意在指出我国学者通常借鉴或引入国外民营化（公私合作）的理论来开展研究。甚至有学者认为，"治安承包"一定程度上是西方理论的产物。[1]若严格地从字面上看，我国的民营化（公私合作）相关著作和论文的形成时间确实相对较晚，而且大量关于民营化（公私合作）的研究

---

① 邹东升.契约治理视域的治安承包[M].北京:中国检察出版社,2009:163.

习惯于从国外公共行政变迁、合作治理等属于民营化（公私合作）的理论范畴中获取进路。然而，在文献梳理时若仅仅局限于上述概念的字面范围，将遮蔽大量先前已出现或正在展开的具有中国本土话语属性的现象、概念及研究成果。事实上，关于"公"与"私"的研究和讨论在我国一直以来都是一个极受关注的重点和难点问题，而1978年之后的"改革开放"也伴随着民营化的试验。可以说，我国学者就相关问题的关注和研究并非绝对滞后。例如，首先在农业部门推行的家庭联产承包责任制（或称"包产到户"）可视为民营化的萌发，其肇始于我国农村村民的自发运动，后被国家认可并向全国推广，成为当时农村经济体制改革的重要组成部分。随后在城市开展的经济体制改革中，我国承认了私营工商企业在所有制中的地位。总之，伴随着我国当时的经济体制改革，"私"的内容和作用被重新定义，而"公"与"私"的角色定位和互动关系也被重新理解和认识。

1.3.2.1 "治安承包"及研究概述

我国历史上各个朝代几乎都有着通过各种形式利用非政府力量进行治安管理或防范的传统，其中不乏"治安承包"的样本（此处暂不展开）。新中国成立以后，在中国共产党的领导下，我国在治安领域采取的群众路线、方针、政策及其实践中也可以觅得诸多类似于"治安承包"的素材。如果暂时撇开我国古代以及近现代时期（包括改革开放之前）潜在的"治安承包"研究样本，自新中国成立以来，相对直接的"治安承包"实践和官方叙述应当追溯至20世纪80年代初期。当时，受到"家庭联产承包责任制"的启示，对各种领域的活动所采取承包的形式在实践中广泛被人民群众运用。为了实现"社会治安的根本好转"，全国多地也开始在社会治安领域探索类似举措，以期改善原有的治安状况。其中，以广东省南海县（今佛山市南海区）和顺德县（今佛山市顺德区）推行的"治安承包责任制"颇具代表性。具体来说，"治安承包责任制"采取了"试点→成熟→推广"的策略，由地方党委和政府（负责人）领导，以人民群众为主要力量，并制定和修订了一系列乡规民约，使之成为治安承包的基础和依据；在实际推行过程中，主要由当地公安局参照社会各个行业的承包经验，领导组建治安专业承包队，并制订承包方案，将责任和权利相结合，且落实到治安承包个人。①这一来自地方的创新探索得到当时中央政法委员会和公安部的充分肯定，南海、顺德的经验做法也很快向全国范围推广。自此之后，"治安承包责任制"在20世纪80年代的中国开始流行起来。围绕于此，许多地方展开的创造性实践有待进一步展开研究。可以说，作为现象的"治安承包"始于80年代。然而，有学者将"治安承包"出现的时间局限于90年代，这显然忽视了在此之前的大量实践素材②，原因或许在于前述提及的"后发性"思维。

进入20世纪90年代，不同形式的"治安承包"在全国范围内广泛开展。根据承包主体（包括发包方和承包方）、承包的内容和范围、政府部门（公安机关等）在承包中的角色地位和起到的作用等界定标准，可以对"治安承包"的不同模式进行类型化研究。与此同时，学界及社会则习惯于采取"××模式"来概括各地的改革实践。例如，1996年，山东省泰安市退伍军人周某以每年10800元的价格承包下该市下官村的治安，被誉为中国"治安承包"第一人。③此后，山东省泰安市全面推行基层治安防范承包责任制，取得了积极成效。根据当时的报道，"承

---

① 曹子东.关于广东省南海、顺德两县推行治安承包责任制的调查报告[J].中国法学,1985(1):61-62.

② 章志远.行政任务民营化法制研究[M].北京:中国政法大学出版社,2014:21.

③ 孟凡铭,吴业楠.浅议治安承包[M]//郭太生.治安学论丛（第3卷）.北京:中国人民公安大学出版社,2006:494-501.

包是农村和企业经济改革中实行的一种经济运营方式，山东省泰安市公安机关将其运用到基层治安防范工作中，全市出现了可防性案件明显下降，人民群众和各级党委、政府满意的良好局面。"①2002年4月22日至23日，全国社会治安综合治理工作会议在上海举行，泰安市在会上介绍了治安防范有偿承包责任制的经验做法，"泰安模式"得到了正式确立。另外，温州市瓯海区、嘉兴市嘉善县、杭州市下城区（今已撤销，下同）、宁波市鄞州区等多地的"治安承包"实践相继出现，进而基于各自的特殊性又形成了"嘉兴模式""宁波模式"，等等。总体而言，上述诸多模式之间既有共性又有个性。共同之处在于：在公共治安服务领域引入了竞争机制；充分发挥了市场和社会力量参与治安的作用；"治安承包"的工作经费大多来源于"治安承包"的受益者；公共部门（公安机关）是"治安承包"的积极推动者。区别则主要体现为：承包的内容不同，有的是治安防范承包，有的则是治安管理承包；发包方与承包方不同，发包方包括公安机关、街道综合治理委员会、物业管理公司、村（居）民委员会等，承包方则有警察、物业管理公司、村（居）民个人等；公共部门（公安机关）在"治安承包"中所起的作用不同，有的作为监督协议履行的居间者，有的参加考评小组作为考核方参与日常监督管理。②

可以说，"治安承包"在我国的长期实践中取得了较好的效果，许多地区的治安状况得到了改善，人民群众的生命财产安全得到了更为全面的保障。当然，"治安承包"并非没有问题，由于缺乏明确的法律依

---

① 山东泰安市实行基层治安防范承包责任制[EB/OL].(2001-01-02)[2022-01-20].https://news.sina.com.cn/c/164549.html.

② 邱煜.治安承包的理论与实践[J].中国人民公安大学（社会科学版）,2003(5):112.

据，其在实践中出现了承包主体混乱、运作无序、公安机关角色模糊、政府职能错位（越位或失位）、承包费用"二次收费"等负面影响。[①]

面对"治安承包"的正反经验，国内学界就该问题形成了"支持说""质疑说"和"折中说"三种立场。"支持说"认为"治安承包"调动了公众参与社会治理的热情，能够有效缓解传统警力有限与社会治安形势复杂多变之间的矛盾；"质疑说"则认为政府的治安权作为一种公权力，只能由国家机关行使，特别是对治安管理内容的承包是政府对其公共职责的放弃，容易引发大量的非法行为，甚至还会加剧社会的混乱；"折中说"综合了前述两种立场，认为"治安承包"确实起到了缓解警力不足、维护社会稳定的作用，但也存在法律依据不足、管理监督处于真空等问题，需要在规范的基础上审慎运作，或通过立法形式使之合法化运作。

除此之外，前述已经提及，除了在描述现象时使用的"治安承包"概念，作为理论框架的"治安承包"概念相对宽泛，既可以直接涵盖过去及当下的"治安承包"现象，也可以成为定义治安领域公私合作（民营化）趋势的一个概括性语词。因此，在考察各地冠以"治安承包"的实践之外，政府将部分社会治安任务通过各种形式交由私人组织或个人承担，以及私人组织或个人基于各自原因主动或被动参与防止危险、维护公共安宁秩序的一系列活动都可以分析出"对治安进行承包"（即公共部门将部分社会治安任务配置给私人部门）的实质。例如，当下国内出现的聘用警务辅助人员（协管员）、私人参与社区矫正执行、拍违举报、消防民营、警方线人（治安志愿者或付费协助者）、道路清障施救、合作戒毒等现象都可以理解为对部分涉及宽泛意义上的"治安"公

[①] 章志远.行政任务民营化法制研究[M].北京:中国政法大学出版社,2014:27.

共服务内容所进行的承包，可以一并在"治安承包"的理论框架下予以研究。

1.3.2.2　国内研究成果介说

就国内研究成果而言，我国学者的研究具有不同的时间脉络和研究特点。

我国台湾地区学者开展相关研究的起步时间较早，但是其研究进路及理论成果基本可以视为西方民营化（公私合作）研究的复制和延续。就民营化问题而言，诸如詹中原的《民营化政策——公共行政理论与实务之分析》（1993）、陈爱娥的《公营事业民营化之合法性与合理性》（1998）、陈清秀的《特许合约与公权力之行使》（1998）、许宗力的《论行政任务的民营化》（2002）、詹镇荣的《民营化与管制革新》（2005）等作品具有一定影响力。此外，就警察民营化问题而言，诸如许文义的《警察委托行政之研究》（1992）、林昱梅的《警察任务民营化理论初探》（2003）、李震山的《组织上之警察与学理上之警察概念》（2002）等作品也具有一定的影响力。可以发现，我国台湾地区学者对于警察民营化的专门性研究与一般民营化问题的研究几乎同期，共同构成了我国台湾地区民营化研究的整体样态。

不同于我国台湾地区学者，我国大陆学者往往选取更为宏观的角度进行民营化问题的研究。即使是在具体领域中，也较多地集中于对给付行政领域的民营化问题加以研究，而系统性的警察民营化研究则相对滞后，研究成果也不多见。具体而言，在民营化研究领域，较有代表性的研究成果包括：于安的《外商投资特许权项目协议（BOT）与行政合同法》（1998）、薛刚凌的《民营化：公共行政改革的重要路径》（2003）、姜明安的《新行政法：公中有私，私中有公》（2007）、湛中乐和刘书燃的《PPP协议中的法律问题探析》、胡敏洁的《以私法形式完成行政任务》（2007）、敖双红的《公共行政民营化法律问题研究》（2007）、杨欣的《民营化的行政法研究》（2008）、刘飞的《试论民营化对中国行政法制之挑战——民营化浪潮下的行政法思考》（2009）、章志远的《行政任务民营化法制研究》（2014）、李霞的《公私合同研究》（2015），等等。还有一些研究相对迂回，但对于民营化（公私合作）的研究也具有理论上的基础性价值。例如，孙潮和沈伟在《BOT投资方式在我国的适用冲突及其法律分析》（1997）一文中，说明了BOT方式的运作特点，分析了我国适用BOT的法律冲突，提出应通过立法实现BOT与现行法律体系的衔接，使BOT成为可操作的规范的投资方式。其中特别分析了BOT的法律性质问题，政府担保责任问题，经营权和社会管理权是否由政府特许以及限制问题，授予社会管理权以及是否附带处罚权问题。同时，归纳了行政合同的四大特点：第一，以国家专有或专管的公共物为标的；第二，政府和对方当事人签订契约的目的在于公共利益；第三，双方的权利、义务具有不对等性，政府拥有一定程度的限制对方当事人权利的行政权，可以单方面变更契约的执行；第四，适用特定的法律或法规规范，游离于现有的合同法体系之外。①这对于理解民营化（公私合作）过程中出现的各类契约（合同）提供了基本框架。又如，董炯在《政府管制研究——美国行政法学发展新趋势评介》（1998）一文中提到，自20世纪90年代以降，行政法学者开始将政治、经济与法律理论相结合，用以研究政府管制（规制）问题，针对美国行政法发展中展现出的管制（规制）变革提出了几大范畴的问题：出于公共利益的规制；规制俘获现象；行政过程理论；公共选择理论；等等。②关于这些问题的理解与

① 孙潮,沈伟.BOT投资方式在我国的适用冲突及其法律分析[J].中国法学,1997(1):58.

② 董炯.政府管制研究——美国行政法学发展新趋势评介[J].行政法学研究,1998(4):73.

认识从侧面影响了民营化问题的研究。再如，马怀德在《公务法人问题研究》（2000）一文中提出，应当将履行公共管理职能的事业单位、社会团体定位于公务法人。公务法人与其使用者之间的关系不止单纯的民事关系一种，还包括：行政法律关系；公务法人制定内部规则应当遵守法律保留和法律优先原则，不得与法律法规相抵触；公务法人与利用者、使用者发生行政纠纷后，应通过行政诉讼途径解决。[①]可以发现，对行政主体概念变迁的研究有助于人们理解公私部门的主体地位及民营化后的双方责任配置以及救济途径等问题。

章志远将目前民营化的研究分为给付行政领域的民营化研究和警察行政领域的民营化研究，这样的分类是较为全面、合理的。在前者的框架内，钟明霞、邢鸿飞、宋华琳、骆梅英等学者就公用事业特许经营的系列问题展开了深入研究；而在后者的框架内，金自宁、邹东升等学者主要围绕"治安承包"的系列问题形成了诸多成果。[②]具体梳理如下。

目前，研究"治安承包"的专门性著作并不多，比较典型的是邹东升所著的《契约治理视域的治安承包》，在该书中，作者将"治安承包"定义为：将某一特定区域的治安防范任务和一部分治安管理任务有偿承包给某个人或某一组织，承包人自己或组织人员开展巡防工作等，相关政府部门根据区域内的刑事案发数量和承包人抓获的犯罪嫌疑人等指标对承包者进行考核奖惩的社会化安全管理新模式。从20世纪80年代开始，已有论述"治安承包"的论文资料，例如曹子东的《关于广东省南海、顺德两县推行治安承包责任制的调查报告》、胡叙明的《推行治安承包责任制促进综合治理措施落实》、牛大占的《试论农村治安承包责任制》。这个时期的论文思路主要是响应中央提出的社会治安综合

---

① 马怀德.公务法人问题研究[J].中国法学,2000(4):40.

② 章志远.行政任务民营化法制研究[M].北京:中国政法大学出版社,2014:9.

治理的号召，贯彻党的群众路线的方针政策，在基层大面积地开展"治安承包"，通过承包合同的签订明确相关人员的责任，使治安承包责任制与联产承包责任制相适应，将治保人员的经济利益同治安情况的好坏相结合。

　　进入21世纪，研究"治安承包"较有代表性的论文主要包括：金自宁的《解读"治安承包"现象——探讨公法与私法融合的一种可能性》，该文认为"治安承包"现象不符合我国现行法律的规定，但通过政治哲学理论和法律经济学分析，论证了"治安承包"的合法性依据。① 蔡金荣的《治安承包再思考——法理阐释、制度依托与行为规范》，该文认为，"治安承包"存在法律正当性的空间，能够为行政法理论基础所兼容；公安机关选择"治安承包"并未导致其放弃相应职责，反而有利于广泛的外部资源有效完成社会治安管理工作；"治安承包"所涉及的公权力主要是治安防范和管理权限中非强制性的部分活动。② 章志远的《私人参与警察任务执行的法理基础》，该文将"治安承包"现象视为我国私人参与警察任务执行改革的一部分，论证了私人参与警察任务执行的合宪性，并提出我国一贯以来的群众路线和警察任务的时代流变是私人参与警察任务执行的社会历史及现实基础；此外，该文还提出"治安承包"预示着公私部门在公共治理中的密切合作，也可以解决当下社会治安形势复杂多变与现实治理资源不足的问题，但是应对"治安承包"制度的具体机制分别构建。③ 值得注意的是，章志远对"治安承包"有较为深入的研究，就民营化、私人参与警察任务、"治安承

---

　　① 金自宁.解读"治安承包"现象———探讨公法与私法融合的一种可能性[J].法商研究,2007(5):127.

　　② 蔡金荣.治安承包再思考———法理阐释、制度依托与行为规范[J].中国人民公安大学学报（社会科学版）,2010(2):5.

　　③ 章志远.私人参与警察任务执行的法理基础[J].法学研究,2011(6):96.

包"等相关议题形成了数篇文章，贡献颇多。其他学者则囿于学科背景和研究视域，对此问题缺少涉猎。此外，在中国知网中尚未检索到有直接研究"治安承包"的博士论文。硕士论文也为数不多，如刘海平的《治安承包的行政法学思考》、胡木鄂的《治安承包制探讨》等。

可以发现，除了政治学、政府学、经济学领域的学者之外，在法学领域，"治安承包"（也指民营化或公私合作）的问题主要受到我国行政法学者的关注。当然，其他部门法的若干学者所做的研究同样对该问题具有积极意义。例如，徐昕作为一位民事诉讼法学者，在《论私力救济》一书中反思了国家与私人的关系及两造的合作可能。他认为，私力救济不仅是一个法律、经济、社会问题，更是政治过程的有机组成部分，是国家通过私人行为实现公力治理（社会控制）的技术。[①]这实际上是公私合作治理模式的萌芽，是公众参与的朴素表现形式。他还在论著中专章讨论了"私人执法"的问题，这显然可以在"治安承包"的研究中予以借鉴。又如刑事法学者欧阳爱辉在《私人刑事调查法制化研究》一书中，基于国家与社会的二元格局的立场，对私人调查行为展开了细致的研究，试图将其纳入法制化的轨道。[②]这实际上也属于"治安承包"的研究范畴。

1.3.2.3 国内研究所处的阶段及局限

结合前述对国外研究状况的梳理，国外民营化研究实际上已经从"前民营化"阶段的概念解析、理由证成向"后民营化"阶段的政府管制（规制）策略研究转变，在规制缓和或放松规制的大背景下如何实现政府的有效规制成为了核心问题。除此之外，按照美国学者的说法，他们在面对公私合作的正当性威胁时所做出的"最普遍的回应"是"充分

---

① 徐昕.论私力救济[M].桂林:广西师范大学出版社,2015:251-252.

② 欧阳爱辉.私人刑事调查法制化研究[M].北京:中国文史出版社,2013.

限制行政机关的裁量权",这应当是"前民营化"研究阶段的问题;同时还必须"超越限制或尊重行政机关裁量权的选择问题,重新构思规制过程中公私主体之间的关系与责任",这也可以归属于"后民营化"研究阶段的问题。[①]

然而,目前国内研究成果大体上集中于"治安承包"的概念分析、法律性质、承包的内容及界限等问题。因此,如果借用"民营化"的前后研究阶段来分析,我国的研究仍然处在"前民营化"阶段。特别是秩序行政领域,由于将传统政府权力赋予私人将面临极大的合法性质疑,因而需要完成大量的前提性解释或证成的工作。与此同时,受制于前述提及的"后发性"思维,学者们往往着力于介绍、引进国外民营化的各种理论。这不仅导致各种语词在与本土化的中国话语交叉时的混乱,而且使学者们对我国"治安承包"的实际问题和理论构造缺乏关注。笔者试图在本书的写作过程中回应这些问题。

1.4 研究方法与进路

1.4.1 研究方法的确立

第一,文献搜集与分析法,即在梳理现有关于公私合作以及民营化等相关文献的基础上,尽可能地直接搜集与"治安承包"理论框架相关的现有文献和成果,对文献进行分类整理与分析。第二,历史考察法,即主要回溯我国历史上潜在的"治安承包"样本和过去国内出现的"治

---

① 弗里曼.合作治理与新行政法[M].毕洪海,陈标冲,译.北京:商务印书馆,2010:135.

安承包"的各种实践模式，探寻其在历史中产生的原因、表现形式及其流变，并以考察国外类似现象的历史演变为辅助参考，综合推敲"治安承包"在我国的现实意义和制度定位。第三，调研实证法，即深入实地调研考察近年来我国各地展开"治安承包"的实际运作状况，试图发现其实践中的问题，总结正反经验。第四，比较研究法，即首先明确中西方公私合作（民营化）理论对各自所起到的不同作用，在此基础上对国内的"治安承包"实践与国外的类似现象进行比较分析，在探求共性和个性的过程中摸索构建具有中国特色，又能够与国际接轨的现代"治安承包"制度。第五，综合性的法学方法为主，其他学科的研究方法为辅。一直以来，无论是公私合作（民营化）还是"治安承包"，由于都涉及较为广泛的研究面向，使得许多不同学科背景的学者从经济学、政治学、政府学、行政学等不同视野切入。然而，作为一部法学专著，笔者还是试图较为严谨地使用法学研究方法进行问题分析。当然，对于"治安承包"问题而言，使用法学方法同样可以兼容法政策学、法释义学与社科法学的分析手法。具体而言，法释义学的研究方法为首选，即运用法律解释、法律推理、法律发现、利益衡量等法律方法在现有法律框架下分析"治安承包"的系列问题，考察其正当性与合法性问题，确定其在法律体系内部的性质和制度定位，设计法律程序，等等，最终将其纳入法治化轨道；与此同时，由于"治安承包"具有浓厚的本土化色彩，因而法政策学的角度不可避免，也只有选取这一思路方能更好地对其进行解释和建构；此外，其他学科中提供的理论和分析方法有其独特的优势，也可以在法律框架之外借以辅助研究。

1.4.2 研究进路的选择：从西方理论回到中国进路

研究进路的选择至关重要。就目前而言，由于前述提及的"后发性"缘故，国内学者在研究公私合作（民营化）以及其在秩序行政领域的典型例证——"治安承包"时,呈现出研究进路的混乱。观察国内学界的研究成果,在讨论公私合作(民营化)时,许多学者往往立足于西方公共行政领域发生的变革、政府管制(规制)革新、合作治理理念等理论背景,进而切入自己的研究。但国外理论的生成有其独特的路径,未必可以不加调适地直接适用于国内问题。例如,美国学者以环境法的实例作为具体的分析对象,兼顾行政规则的制定、实施和执行过程,试图确立一种以目标为导向,以公私合作为内容,以责任性、理性和正当性为依归的新行政法模式。[1]其重点分析的"契约式"管制方法的很多事例都源于美国环境规制的背景。另外,值得注意的是,西方(美国)的私人团体是高度组织化的,而且资源相对丰富,所以它们能够在立法和监管过程中发挥有力的作用。[2]然而,在"治安承包"这一极具本土化色彩的问题上,从环境规制实践中提炼出的理论是否能够不加修正地直接用以解释我国秩序行政领域的相关问题,值得商榷。事实上,在我国,固有的认识是,私人组织在行动时可能发生的异化使其存在正当性风险,加之作为传统政府的核心权力之一的治安权力本身的敏感性与封闭性,都需要在研究的过程中格外注意。因此,虽然认可在给付、服务、福利行政领域可以选取西方理论进路,但秩序行政领域的"治安承包"问题与其他的公私合作(民营化)问题截然不同,并不能完全依赖外来的研究进路。

基于此,一个或许容易被忽视的事实是,中国本土理论进路并不绝对"后发"。已有学者注意到了这一点,例如弗里曼在其著作《合作治

---

① 弗里曼.合作治理与新行政法[M].毕洪海,陈标冲,译.北京:商务印书馆,2010:2.

② 弗里曼.合作治理与新行政法[M].毕洪海,陈标冲,译.北京:商务印书馆,2010:4.

理与新行政法》一书的中文版序言中分享过其与罗豪才的对话："罗豪才教授解释道，中国的制度已经呈现出许多我所描述的特征，你文中所描述的一部分内容已经成为中国制度的组成部分，另外一部分未来可能会采纳，但是还有一部分是永远不会被采纳的。"①另外，姜明安在为该书中文版作序时，也曾有如下叙述："澳大利亚行政法的新发展是以英国制度中的行政裁判制度等制度为基点并加以改进，又引进了美国行政法的许多制度，如行政程序、情报自由、保护隐私权等，并借鉴了欧洲大陆国家的某些制度或其中的某些内容，如督察专员制度、行政法院制度中的某些内容，甚至从中国法律中吸收了某些精华，如行政程序中的调解、协商等。"②换言之，他们都认为，中国的法律和制度都具有公私合作的某些因素，相比于西方理论而言，中国具备形成其自身理论路径的土壤。然而，遗憾的是，在"永远不会被采纳"的部分，罗豪才特别提到了监狱民营化这一秩序（治安）领域的公私合作（民营化）事例。也就是说，在监狱管理是否能够承包的问题上，他是持否定态度的，而且同时回避了其他属于宽泛意义上的"治安"内容是否能够承包的问题。欣喜的是，后来章志远对私人参与警察任务的我国历史传统基础进行了初步梳理，提出了私人参与警察任务的历史理由，即从"党委领导和依靠群众"的公安工作根本路线，到政法工作的群众路线中的重要内容是依靠人民群众来维护治安，再到《关于加强社会治安综合治理的决定》中明确提出的"加强社会治安综合治理……依靠广大人民群众"。③此后，为了贯彻落实社会治安综合治理工作以及社会管理体制的创新，

---

① 弗里曼.合作治理与新行政法[M].毕洪海,陈标冲,译.北京:商务印书馆,2010:1.

② 弗里曼.合作治理与新行政法[M].毕洪海,陈标冲,译.北京:商务印书馆,2010:6.

③ 章志远.私人参与警察任务执行的法理基础[J].法学研究,2011(6):96.

出现了"群防群治""治安联防""平安创建""巡防""社区警务"等各种中国式的警民合作形式，社会治安治理创新业已成为我国当下政府治理的中心工作之一。事实上，"治安承包"的本土理论进路恰恰需要国内学者在仔细研究具有我国特色的治安问题时予以总结提炼。

总体而言，西方理论进路从其他领域（如环境规制）中延伸出的相关理论和制度变革，孕育了公共行政理论（决策理论与组织理论）、规制革新等新行政法的理论基础，有助于研究一般性的公私合作（民营化）问题。而中国本土理论进路则从党（政府）和人民群众的关系等政策性思考切入，可以延伸出中国本土（或者说马克思主义）法学理论基础，亦有助于分析我国政府（公安机关）在治安领域的政策变迁与整体思路。回溯我国治安政策的发展变迁，研究的样本显然是极其丰富的。从中国共产党成立、新中国成立以来党和政府关于治安工作的大政方针，到20世纪八九十年代的群防群治、社会治安综合治理，再到21世纪的运用社会资源维护社会治安、社区警务、社会治理创新，直至近年来推进国家治理体系和治理能力现代化背景下的社会治安治理体制机制，我国的治安政策大致可作如下概括：强调问题导向，全面、系统、综合地治理，在充分发挥公安机关职能的基础上，强调党委政府领导下的各部门协作、社会协同、公众参与。因此，以往直接借助西方的一般公私合作（民营化）理论来解释"治安承包"问题的分析框架是不精准的，应当有一条独特的进路，以"治安承包"的理论框架视角来建构秩序行政领域的公私合作（民营化）理论，进而反哺公私合作（民营化）的整体框架。事实上，国外研究秩序行政领域的公私合作（民营化）问题基本也以"警察"民营化为主要视角，而泛泛地以一般法学或其他学科理论径直分析警察权外包问题，往往丧失了其独特的理论前提。

1.5 主要任务与内容架构

如果承认前述对"前民营化"（概念界析、理由证成）与"后民营化"（政府规制策略研究）的研究阶段界定，就我国秩序行政领域的公私合作（民营化）问题而言，由于国外政府规制理论的影响，当前理论研究上已经触及了若干"后民营化"的问题。然而，在我国，以"治安承包"为代表的秩序行政领域的公私合作实践仍然缺少明确的法律依据和制度支撑，仅靠理论上的正当性论证或政策性倡议难以妥善解决好"前民营化"的问题和工作。因而，我国的相关问题研究显然处在理论上前后交错共生的时代。当然，"后民营化"阶段的研究目前总体比较薄弱，也是未来研究的方向和创新的切入点。

就本书的研究任务而言，尽管既有的若干研究已经进入所谓的"后民营化"阶段，但鉴于目前社会上对于秩序行政领域发生的公私合作现象——"治安承包"的误读，实际上仍有必要对相关概念做进一步的澄清，从而形成统一的中国本土化理论话语，再对现有的规范做进一步的梳理，明确既有规范的依据及其不足。待完成"治安承包"的概念分析、范围界定以及正当性、合法性等问题论证之后，可以再上升至政府规制策略的研究，并将之纳入法治化的框架之中。需要注意的是，市场主体作为"治安承包"主体参与完成社会治安任务的活动显然可以在政府规制视野中加以研究，然而社会组织作为"治安承包"主体参与完成社会治安任务的活动是否可以类似地运用政府规制革新理论来研究值得进一步思索。总之，研究"治安承包"的基本思路是在反思国家和政府（公安机关）应如何在转型期维护好社会治安、提升社会公共安全供给水平和质量的基础上，重新审视国家、政府（公安机关）与私人组织或个人之间的角色定位，进而调整公私部门之间关于社会治安任务与权限的配置方式，确定私人部门承包社会治安任务的内容与限度，以及承包之后国家和政府应承担何种监督义务和责任方能实现政府的有效规制，最终实现以"治安承包"为代表的治安合作治理模式的法治化。这与所谓的从"前民营化"到"后民营化"的研究脉络也大致相符。

1.6 理论和实践意义

随着新公共行政的兴起和"合作治理"理论的出现，出现了政府提供、私人生产的现象，即在公共物品的提供上引入竞争机制，将部分公共物品的生产向社会开放，以契约的方式引入多元生产主体，营造一个竞争的局面以提高公共物品提供的效率。公共行政领域发生的变化表现在：一是公共权力的重新划分和配置；二是政府地位的重新定位；三是政府角色的重新界定；四是政府行为方式的变化。为了回应这一系列深刻的变化，应抛弃传统的政府管制思维，重新界定政府职能和任务，以新的行为方式与社会、公民和组织进行交流、合作及竞争，从公共产品和公共服务的直接提供者和生产者转化为公共产品和公共服务的购买者和规制者，通过公私部门共享治理权力、公私部门的相互合作改善公共服务的质量，建立各种新型的公私互动关系。

透过我国本土化理论和西方理论带来的叠加影响，治安领域已经发生或正在发生着深刻的变迁。过去，政府（警察）部门独享治安权，其维护国内秩序和安全的活动是一种权力行使而非服务提供，却时常因为治安力量的不足而抱怨。现在，政府（警察）部门之外的市场、社会主体通过各种（承包）形式逐渐开始参与治安任务，政府（警察）行使治安权的活动则更多地被视为一种提供"警察服务"的活动。①再加上公共行政改革、合作治理理念的引入，公私之间的界线日趋模糊，社会治安的生产主体由原来单纯的政府部门转变为包括政府在内的众多市场、社会组织和个人并存，私人部门频繁地参与到治安防范和治安管理的任务当中，使提供社会治安的主体之间形成了竞争关系，提高了社会治安生产者的积极性，有效地改变了社会治安服务低效的状况。除了竞争关系，由警察部门以外的组织或者个人承担治安管理中一些不带有国家强制力的事务，展示了公私部门之间由对立走向合作的可能。而对治安进行"承包"的过程也就是二者之间良性互动的过程，通过相互了解建立一系列的规则，从而形成一种自主自治、自我管理的网络，进而更好地服务于公共利益的维护。因此，"治安承包"的实践是政府单中心的统治模式向政府、市场和社会相结合的多中心治理模式嬗变的一种有效形式。更为重要的是，通过各种形式的"治安承包"实践，政府（警察）部门的规制策略得以调整，其从一个全部治安服务的生产者转换为部分治安服务的安排者、部分治安服务的生产者和另一部分治安服务的监督者，这种结构性的调整恰恰提升了其对社会治安的维护和秩序控制能力。

正因为如此，研究"治安承包"在当代中国有着极其现实的理论和实践意义。

---

① 狄骥.公法的变迁[M].郑戈,译.北京:商务印书馆,2013:4.

2 "治安承包"的理论框架

2.1 "治安承包"的基本概念及其理论张力

2.1.1 多维度的"治安"概念

治安，在法学研究领域是一个历久而弥新的话题，但是关于"治安"概念的细致解读在纯粹的法学作品中并不多见。多数法学学科背景的学者以及党政机关的工作人员在使用或描述"治安"时，总是通过不同的语境预设了其概念，但这样碎片式的处理愈发使之趋于含混。例如，"社会治安综合治理"和"治安管理"中的"治安"概念就有着截然不同的内容和意义。因而，在讨论"治安承包"的法学问题时，许多学者往往就"治安"的概念产生分歧或者出现宽泛意义与限缩意义之间的摇摆，进而形成了对"可承包的治安内容"的不同认识，难以明确界定"治安承包"的范围及其边界。当然，这一问题同样出现在从政治学、经济学、社会学等角度切入研究的作品之中。事实上，"治安"概念具有丰富的内涵和外延，假使受限于其基本概念的含混，在进一步研究"治安承包"时难免会造成偏差与误解，甚至可能导致其在实践中发生异化。因此，对于"治安"概念进行全面、系统考察，应当是当下针对"治安承包"进行理论构造的一项前提性工作。面对丰富且富有张力的"治安"概念，可以从历史、理论研究及学科建设、法律规范、国外

"治安"语词等不同维度予以澄清。

2.1.1.1 历史的维度

"治安"一词具有浓厚的中国话语色彩。在我国的历史长河中，蕴含了大量有助于理解"治安"的文献资源。有学者统计，在我国历史上的大量经典著作中有近百处直接使用了"治安"一词，如《孔子家语》《管子》《韩非子》《新书》《史记》《潜夫论》《论衡》《汉书》《三国志》《魏书》《全唐诗》《贞观政要》《旧唐书》《旧五代史》《新五代史》《全宋词》《资治通鉴》《宋史》《金史》《元史》《明史》《续资治通鉴》《清史稿》等。① 探寻"治安"概念的历史起源，可以发现春秋战国时期的管仲、孔子、韩非子三人的著述起到了重要的奠基作用。尽管谁才是最先有意识地使用"治安"一词目前尚存争论，但这也并非本书讨论的重点。重要的是，从《管子·形势解第六十四》中的"治安百姓，主之则也"，到《孔子家语·辩尔解第三十五》中的"夫然者，乃所谓治安之风也"，再到《韩非子·说疑》中的"民治而国安"以及《韩非子·显学第五十》中的"此四者所以治安也，而民不知悦也"，可以发现管仲、孔子、韩非子三人对于"治安"的使用和立场基本一致。

因此，在探究"治安"概念起源的同时可以大致确定我国历史上的"治安"在其概念生成时的基本内容。具体而言，"治安"自始可谓一个较为宽泛的概念，包含了行为与效果的两层含义。在行为层面，可以解释为治理国家、社会和人民；在效果层面，则可以解释为国家治理得当、社会安定有序、人民安居乐业，进一步还可以延伸为长治久安，即国家政治统治和社会秩序的稳定。自春秋战国之后，"治安"一词逐渐被更多的学者所使用。考察秦朝、两汉、三国两晋南北朝、隋唐、两宋乃至元明清时期的大量历史文献，诸多学者关于"治安"的理解和使用

---

① 万川."治安"词义源流考[J].北京警察学院学报,2004(4):9.

基本围绕着其生成时的含义，概念流变的程度不大。

当然，不同学者在概念的使用层面有些许区别，有的学者注意到了行为层面的含义，将"治安"理解为治理行为，而更多的学者则侧重于效果层面的含义，将"治安"理解为治理效果。值得注意的是，西汉贾谊在其著名的《治安策》中以"如何让江山长治久安"为主题，重点分析了"治理"诸侯与"安定"社会两大问题。① "治安"在其言下既有治理行为的描述，也有治理效果的期待。抛开当时的历史背景和阶级立场，"治安"的二维概念体系与现代意义上的"治理"概念有些许相似。需要注意的是，在大量学者从国家治理的宏观层面使用"治安"一词之外，也有一些关于地方治安（治理）方面的用法。例如，清代学者毕沅在《续资治通鉴·宋纪一百六十三》中关于"独实境内治安"的叙述即在地方治理的层面使用"治安"一词，等等。可以说，我国历史上的"治安"概念在近代之前已经基本确定。在此框架之下，不管是中央禁卫、守卫制度还是地方、边塞守卫制度，抑或是历朝历代出现过的各种形式的政治、军事、户籍、交通管理、监狱管理的机构和制度，以及一切与政治统治相关的制度或活动都可以成为古代"治安"及其业务的组成部分。②

自近代以来，中国社会和政治局势发生了剧变，"治安"的概念在延续以往内涵的同时，也基于内忧外患的时代背景而经历了特殊的变迁过程。相似的含义和用法暂不赘述，"治安"概念的变迁展现了一个概念限缩的过程。根据《清史稿·志一百三十一·邦交四·美利坚》的记载，在1902年初，清政府派代表与美国政府磋商签订《中美通商行船条约》，其中已有"有碍中国治安者，应各按律例惩办，为杜渐防微之

---

① 邓田田.西汉贾谊的《治安策》[N].学习时报,2021-10-22(7).

② 陈鸿彝.对古代治安的理论思考[J].公安大学学报,2002(2):84.

计"的内容，该条内容将"有碍"与"治安"相联系，并规定相应后果，实际上是在较为具体的治安秩序层面上使用"治安"一词，可谓是狭义"治安"概念的萌芽。此外，在《清史稿·宣统皇帝本纪》中还有记载："各省增设巡警、劝业两道，原期保卫治安……"可以发现，清末新政时期清政府在推行警政改革的过程中，已经将"巡警"与"保卫治安"这一目的和任务直接搭配，因而限定了语境中的"治安"概念，将治安与现代警察部门及其任务和权力联系在一起。然而，"治安"一词仍然被当时的许多学者在很多场合指涉原有的宽泛意义。就在这样时而宽泛、时而限缩的过程中，历史上的"治安"概念及其用法延续至今。尽管我国历史上的"治安"与现代意义上的"治安"在严格意义上显然具有不同的时代属性，但对概念的梳理不足或许可以成为当下人们对"治安"概念的理解与认识并不统一的历史根源。

2.1.1.2 理论研究与学科建设的维度

纵观以往的研究状况，治安问题在除法学之外的政治学、经济学、社会学等学科的研究视角中均有出现。换言之，治安问题本身并未形成一个封闭的研究领域。即便如今治安学在学科设置上归属于公安学，是公安学一级学科下设的二级学科，但在严格的意义上，围绕治安的研究属于一门交叉学科。因此，在理论研究与学科建设的维度，可以观察众说纷纭的"治安"概念，并予以归纳、提炼。自新中国成立以来直至20世纪八九十年代，我国社会的治安状况随着经济、社会的发展出现了许多新的情况和问题，法学研究领域因此对治安问题颇为关注。例如，当时在《中国法学》《法学研究》《中国政法大学学报》（现为《政法论坛》）《法学杂志》《公安大学学报》《人民司法》等一系列重要法学核心期刊中出现了大量以"社会治安""城市治安""农村治安"等为主题的论文作品。作者的来源也非常广泛，从各个党政机关工作人员到不同院校的专家学者。例如，江华在《人民司法》1979年第12期发表的《在全国城市治安会议上的发言》、凌云在《法学杂志》1980年第1期发表的《为了保障四化建设顺利进行，必须继续整顿社会治安》、李郊在《法学》1983年第8期发表的《分析小城镇治安防范的特点》、晓平在《法学评论》1985年第6期发表的《当前农村社会治安中的几个突出的问题》，等等。由于数量太多，此处不做完整的列举和数据统计，只描述大致的状况。在那个时期，尽管关于治安问题的研究展示了人们对"治安"概念的理解仍然处在一个较为宽泛的层面，但"治安"概念已经基本脱离了我国历史上对"治安"的政治统治属性的过分强调，可以纯粹理解为社会治安秩序以及某个局部区域的党政部门（不局限于公安机关）的治安行为与整体效果。值得注意的是，正是因为人们在使用"治安"概念时保留了宽泛的意义，反而促使了以发动社会和人民群众力量参与维护社会治安为主题的系列观点和主张的出现，比较典型的有"社会治安综合治理"[①]"治安保卫组织"[②]"治安承包责任制"[③]"人民治安"[④]，等等。近年来，由于社会治安状况总体向好，法学研究的视野也开始转向。目前，单纯研究治安问题的作品在法学核心期刊中所占的比重较

---

① 张凤桐.充分发挥居民委员会在社会治安综合治理中的作用——关于北京市居民委员会的调查[J].中国政法大学学报,1984(2):67-70；本刊评论员.要同步地落实社会治安的综合治理[J].中国法学,1985(1):39-42。

② 宣安.从江苏射阳县看如何加强农村治保组织建设[J].政治与法律,1987(6):58-59；于洪军.人民调解和治安保卫制度发展方向初探[J].公安大学学报,1988(6):38-41。

③ 曹子东.关于广东省南海、顺德两县推行治安承包责任制的调查报告[J].中国法学,1985(1):61-65；胡叙明.推行治安承包责任制促进综合治理措施落实[J].中国法学,1986(3):44-47。

④ 康大民.展望21世纪的公安学建设[J].公安学刊（浙江公安高等专科学校学报）,1999(6):16-20。

少，相关问题主要围绕《治安管理处罚法》《人民警察法》《道路交通安全法》等法律及相关规范性文件的实施或修改问题展开。由于研究面向的收缩，研究治安问题的学者数量也随之降低。在此过程中，法学领域的研究者对于"治安"的理解和认识进一步限缩，特别是行为层面上的"治安"概念被更多地视为一种专属于警察部门（公安机关）的权力、任务及相应活动。然而，这就产生了一个问题，即偏窄的治安行为概念与宽泛的治安效果概念之间存在明显的张力，单一的警察部门（公安机关）实际上无法独立完成广泛而又艰巨的治安任务，进而难以满足国家和社会对安全与秩序的整体需求。

由于天然的视野优势，治安学领域的研究者们在这一期间走到了前列，他们对"治安"的全面系统研究形成了比较丰富的成果，特别是关于"治安"概念的研究和阐释既回应了治安学学科建设的前提性和基础性问题，也成为法学等其他相关学科研究的有益借鉴。伴随着这一背景，我国治安学的发展脉络展示了一种独特的中国式发展路径。具体而言，我国治安学学科建立的脉络可以划分为初创、发展过渡、整合与规范发展三个阶段：一般认为，1984—1992年是初创阶段，标志性事件即中国人民公安大学治安系的成立和治安学本科专业的设立（1985），以及1986年治安系与保卫系合并成立治安保卫系；从1992年至1998年是发展过渡阶段，标志性事件是原国家教育委员会将治安专业更名为治安管理专业，而将原保卫专业更名为安全防范专业；从1998年以来则进入了整合与规范发展阶段，标志性事件是1998年教育部将治安管理专业与安全防范专业合并为新的治安学专业。①按照我国普通高校本科和研究生学科门类划分的13大类型，治安学被归于法学的大门类之下，但过去没有独立的一级学科。直到2011年3月8日，经国务院学位委员会和教育

---

① 郭太生.本科治安学专业课程教学改革初探[J].公安教育,2007(1):40.

部批准，在法学门类之下增设了公安学为一级学科，治安学从此成为公安学领域内的一门具有独立知识体系又兼具交叉融合性的综合性学科。

在治安学学科建设的过程中，对于"治安"概念的理解与认识，长期围绕着概念大小的争论。当然，在不同研究阶段，学者对"治安"概念的大小界定并不固定。从20世纪90年代开始，已有不少学者从"大治安""中治安""小治安"三种角度去理解"治安"的概念。"大治安"囊括了整个国家经济、文化、内政、外交等大政方针的制度、实施与效果，是国家政治秩序、经济秩序以及社会秩序的总和，这几乎与传统中国的"治安"概念无异；"中治安"系指包括公安机关在内的所有国家行政管理部门对社会实施的管理及其营造的有序状态，这符合20世纪八九十年代法学界对"治安"概念的基本立场；"小治安"则指我国公安机关业务工作中的治安管理工作以及配套的法律法规和物质力量等。关于"大治安""中治安""小治安"的概念界定并不唯一，也有学者将"大治安"等同于社会治安综合治理的内容，将全部公安工作及其效果理解为"中治安"，而将公安机关内部的治安管理业务部门的职权、活动及其效果界定为"小治安"。①

进入21世纪，在继续围绕"治安"概念大小的问题展开研究的基础上，有关学者对"治安"概念的理解进一步深化。例如，被视为"大治安学说"代表人物的金其高将"治安"视为一个大系统，是全方位、全层次、全过程的治安。他认为，从宽泛的各种参与社会治安综合治理的组织或个人，到国家行政或司法机关，再到较为狭义的公安机关以及最狭义的公安机关内部治安管理业务部门，都可以成为治安的主体，其一系列治安行为和效果都属于"治安"概念的范畴。换言之，原有的"大治安""中治安""小治安"三种概念都可以统一到所谓的"大治安学

---

① 谢惠敏.对"治安"一词的再认识[J].公安大学学报,1995(1):79.

说"当中。①也有学者持相反的态度。例如，宫志刚基于对治安本质的探究排除了"社会治安"在"治安"概念中的位置，认为治安在本质上是国家对社会的统治、治理和控制，治安的主体仅限于国家机器（警察是国家机器的重要组成部分），只有在此基础上才能理解"大治安""中治安""小治安"的各自概念。②然而，随着时间的推移，他的观点也发生了转向，开始承认社会治安多元主体在"治安"概念中的合理地位，逐渐成为研究社会治安防控体系的代表性学者。此外，还有学者将"治安"理解为兼具特定历史时期的确定性和不同时空的灵活性的集合概念，从而绕开了"大治安""中治安""小治安"的概念争论。③

可以说，关于"治安"概念的争论在治安学学科建立之前即已存在，并一直延续至今。令人欣喜的是，在看到诸多争论的同时，"治安"概念恰恰因为治安学学者的关注和争论反而变得更具弹性，他们的研究和思路对于从法学进路研究治安问题具有相当的理论意义。总体而言，在理论研究内容和研究方法层面，未来应放眼于宽泛的"治安"概念，即使保留传统的"大治安""中治安""小治安"三维概念框架，也应当在研究过程中将目光超越狭义的"治安"概念，借鉴"大治安学说"的理论张力，以获得丰富的理论基础和开放的研究面向，扩展相关研究的深度和广度。有所不同的是，如果仅就治安学专业的培养目标、教学模式和业务课程与建设而言，则可以限缩于较窄的"治安"概念，从而实现专业型治安管理人才的培养目标，同时反哺治安管理部门的机

---

① 金其高.论大治安[J].中国人民公安大学学报（社会科学版）,2010(6):110-111.

② 宫志刚.治安本质论[J].中国人民公安大学学报,2004(2):62.

③ 王彩元.对治安概念的理性思考[J].中国人民公安大学学报,2003(2):82.

构设置，明确治安管理的权力属性。[①]

回到本书所研究的"治安承包"问题，由于大多数法学学科背景的学者时常疏于借鉴治安学的理论资源，对"治安承包"的理解与认识通常建立在狭窄的"治安"概念之上，故而选取一条从现象分析到探寻法律依据的传统研究路径。这种认识上的局限使研究者的理论视野过于狭窄、面向过于封闭，一方面使既往的研究无法超越传统合法性分析的束缚，一定程度上限缩了"治安承包"的内容和范围；另一方面也无法就该问题提炼出具有普适性的法学理论，难免低估"治安承包"在建构治安领域公私合作模式中的理论价值。此外，理论上的狭窄视野致使实践中除公安机关之外的各个党政机关的领导、工作人员、市场组织、社会组织、人民群众都认为维护社会治安仅仅是警察部门（公安机关）的任务和责任，从而放弃了自身在社会治安综合治理方面的应有义务和责任。[②]

2.1.1.3 法律规范的维度

目前，法学领域关于治安概念的理解和认识，基本以既有规范为起点。因此，应当在法律规范的变迁和现有规范体系中理解合理的"治安"概念。自新中国成立以来，我国出台的一系列涉及"治安"的法律法规逐渐限缩了传统中国对"治安"概念的宽泛界定，推动了"治安"概念从政治统治层面的抽象含义向具体秩序和安全层面的含义转化。早在1952年，经政务院（国务院前身）批准后由公安部发布的《治安保卫委员会暂行组织条例》是一部规范治安保卫委员会这一群众性治安保卫组织及其活动的行政法规。分析该条例第一条即可发现，防奸、防谍、

---

① 张旭红.大治安与小治安——谈治安学学科与专业建设[J].福建警察学院学报,2013(6):82.

② 邹东升.契约治理视域的治安承包[M].北京:中国检察出版社,2009:110.

防火，肃清反革命活动以及保卫国家和公众治安等内容都属于"治安"的整体范畴。这说明在新中国成立初期，由于国内、国外的反革命势力的存在，社会局势相对动荡，中央政府的统治基础尚未牢固，使得当时的立法者对于"治安"概念的理解处在较为宽泛的层面，因而在其中注入了国家政权稳定的内涵。另外，由该条例第二条明确规定了治安保卫委员会在基层政府和公安保卫机关的领导下开展工作。这等于承认了治安任务并不专属于公安机关，"治安"概念也并非狭义，而是包含了具有维护公共安全、管理社会秩序的政府职能部门的相关活动和效果。在此之后，1954年由全国人民代表大会常务委员会出台的《城市居民委员会组织条例》在第二条第四项中明确了居民委员会具有领导群众性的治安保卫工作的任务，此处的"治安"概念继承了前者。到了1957年，全国人民代表大会常务委员会先后通过了《人民警察条例》和《治安管理处罚条例》。在《人民警察条例》中，第一条明确将人民警察定义为具有武装性质的国家"治安"行政力量，第二条则规定了维护公共秩序和社会"治安"是人民警察的重要任务之一。显然，立法者通过《人民警察条例》的规定将"治安"与警察部门的性质和任务紧密联系了起来，似乎有限缩"治安"概念之意，而且后来的《人民警察法》继承了这一点。当然，这是一部特别法，对公安机关及人民警察的治安任务、权限、行动、效果予以直接说明无可厚非，它的特殊性在于没有完全排除宽泛的"治安"概念中的其他内容。

在稍晚的《治安管理处罚条例》中，"治安"一词与"管理"搭配，因而其概念直接指向行政管理，在行为层面可以解释为治安行政管理权限和行为。另外，根据该条例第二条的规定，其保护的法益是公共秩序、公共安全、公民人身权利和公私财产，这些内容实际上构成了效果层面的"治安"概念。再环视该条例全文，交通管理（第十三条）、户口管理（第十四条）、公共卫生或市容管理（第十五条）等都被纳入了治安管理的范畴。换言之，在《治安管理处罚条例》制定之时，立法者对于"治安"概念的宽泛理解依然得到了延续，在公安机关之外的众多行政管理部门维护社会秩序和公共安全、保障公民人身权利和公私财产的活动（行为与效果）都属于"治安"概念的范畴。还需要特别注意的是，"治安"的概念还可以从宪法中探寻。尽管1954年《宪法》、1975年《宪法》、1978年《宪法》都没有直接使用"治安"一词，但1982年《宪法》一共有四处使用了"治安"一词，分别是第二十八条中的"国家维护社会秩序，镇压叛国和其他反革命的活动，制裁危害社会治安、破坏社会主义经济和其他犯罪的活动"、第一百一十一条中的"居民委员会、村民委员会设人民调解、治安保卫、公共卫生等委员会，办理本居住地区的公共事务和公益事业，调解民间纠纷，协助维护社会治安"、第一百二十条中的"民族自治地方的自治机关依照国家的军事制度和当地的实际需要，经国务院批准，可以组织本地方维护社会治安的公安部队"。纵观现行《宪法》中的四处"治安"用法，实质上都没有局限于公安机关或其内部的治安管理业务部门，而是将其他行政管理部门、基层自治组织、人民团体的协助维护社会秩序的行动和效果都纳入了"治安"的概念范畴。

总之，"治安"及其指涉的警察职能和任务可以说是一个较为宽泛的界定，包括所有公共部门防止危险、维护公共安宁秩序的职能和活动。当然，其中又以警察部门特别是公安机关最为典型。具体来说，出于保障国家、公共安全和维护社会治安秩序等系列目的，我国公安机关自设立之后，可谓治安行政和刑事司法的双重力量。然而，治安行政意义上的治安概念较小，不符合社会治安的一般理解。因此可以将"治安行政"和"刑事司法"两者统合在一起，形成较为广义的治安概念。在此基础上，较为狭义的治安以及交通、消防、刑侦、禁毒、户籍、特种行业、警卫等诸多子部门的职能和任务都可以纳入治安的广义范畴之中。与此同时，市场主体、社会组织、人民团体甚至公民个人等参与维护社会治安的行为及其效果也都可以在社会治安的范畴中找到合适的位置。从规范层面看，这符合我国宪法、法律关于"治安"的基本立场。

2.1.1.4 国外"治安"语词的维度

前述论及，"治安"是一个中国本土生成的语词。尽管如此，由于理论研究的"后发性"，长期以来我国学者习惯于在西方国家的理论和制度中寻求借鉴，试图通过对国外相关文献的梳理找到对应于"治安"概念的国外语词。然而，国外学者虽然对于"治安"的研究十分重视，但研究群体相对分散，未形成专门、独立的治安学学科。[①]因此，国外学者在描述"治安"范畴时并未使用统一的语词。这或许可以侧面说明，对于我国"治安"概念的理解和认识仍然需要立足于国内的理论和实践。当然，这并不妨碍在与国外相关概念的比较分析中进一步把握"治安"概念的本质。

根据邹湘江的梳理，国内学者以往在翻译"治安"一词使用了多种不同的英文语词，如 public order（公共秩序，也有人直接译作治安秩序）、public security（公共安全）、security（安全）、peace order（安宁秩序）、public peace（公共安宁）等。除了有人将 public order 对应于"治安秩序"之外，public security order（公共安全秩序）、security order（安全秩序）等也被理解为"治安秩序"。此外，对于如何翻译"治安学"，学者们虽然众说纷纭，但基本可以归纳为两类，即 public order discipline/study/science（公共秩序学）和 public security discipline/study/science（公

---

① 宫志刚,等.关于治安学二级学科建设的若干思考[J].山东警察学院学报,2012(3):10-11.

共安全学）。①可以发现，上述英文语词中出现且重复最多的两个词是
public order（公共秩序）和 public security（公共安全）。换言之，学界对
于选择"公共秩序"还是"公共安全"来解释"治安"概念存在分歧。
几乎与"治安"概念类似，"公共秩序"一词在国外学者眼中同样难以
清晰地界定和概念化②，而"公共安全"则更加宽泛。也就是说，西方
理论并没有将"治安"绝对地限定在一个狭义的范畴。因此，即使承认
以"公共秩序"或"公共安全"来对应"治安"概念，但其背后所指向
的根本价值诉求究竟是秩序抑或是安全尚未澄清，这将影响概念的精确
性。为了探寻答案，应当在秩序与安全之间的比较分析框架中思考"治
安"概念的内核。

在秩序抑或安全的分析框架中，大量学者基于治安的本质属性且过
于宽泛的安全含义，排斥将公共安全等同于"治安"，而是将其与公共
秩序等同起来，从而将"治安"的本质理解为治安秩序。③相反，有的
学者则认为公共安全的范畴中包含了治安秩序，不能在"治安"的整体
概念中简单排除。④面对此类的争论，也有学者摆脱了秩序与安全非此
即彼的困境，提出："治安秩序是由国家安全政策、治安行政和刑事法
律、法规所确定和协调的以社会、社区安全关系为核心的社会关系的外
显形态。安全是秩序的实质内容，秩序是安全的规则形式，安全与秩序

---

① 邹湘江."治安学"专业术语英文译名探究[J].中国人民公安大学学报，
2015(2):113.

② NEWBURN T. "Introduction: Doing Policing" in T. Newburn (ed)
Handbook of Policing[M]. Cullumpton: Willan, 2003: 284.

③ 陈涌清.论治安学研究对象的确定[J].中国人民公安大学学报（社会科学
版），2011(1):37.

④ 刘宏斌.治安学研究对象刍议[C]//郭太生.治安学论丛（第2卷）.北京：
中国人民公安大学出版社,2004:461-469.

具有共在性。安全关系是治安领域固有的唯一自变量，是划分治安秩序边界的根本依据。"①笔者在此处也认为，既然国外学者在研究治安问题时大量使用了"秩序"和"安全"的语词，就可以证明他们对两者都有所兼顾。相较而言，以往将"治安"仅理解为治安秩序的观点存在一定的片面性。"治安"的概念应当融合"秩序"与"安全"的内容，而在具体的使用场景中可以有所侧重。具体来说，当侧重于"秩序"概念时，意在突出公共部门（包括公安机关）维护社会治安秩序的权限与活动，此时可以更多地从传统管理论的视角来分析问题；当侧重于"安全"概念时，则意在强调全社会参与维护社会秩序及其效果实现的含义，此时可以更多地从合作治理的思路来分析问题。在全面理解"治安"概念的前提下，再看国外的三种治安理论，分别是将治安状况的恶化与社会变迁或社会结构转型联系起来的"转型理论"，将社区治理作为治安的中心问题并以治安防范（预防）为主要目标的"破窗理论"，以及基于成本收益分析导出加大违法犯罪成本或风险以减少违法犯罪事件发生的"理性选择理论"。②显而易见，这三种治安理论所对应的"治安"概念不是最宽泛的，但是它们无不主张将治安权归还社区，激励基层社区力量积极参与维护治安的任务，实际上又将"治安"概念进行了功能性扩张。

2.1.1.5 澄清"治安"概念的意义

目前，大多数法学研究者都在较为限缩的意义上理解"治安"概念，其研究的逻辑起点通常基于既有规范的合法性分析，进而对"治安

---

① 王均平.安全还是秩序——治安理论与实践之上位概念分析及选择[J].中国人民公安大学学报（社会科学版）,2009(6):43.

② 陈周旺,申剑敏.国外治安理论主要模式及其发展趋势[J].国外社会科学,2011(3):81-84.

承包"的权力来源、法律依据、法律性质、法律边界等问题过分关注；而假使在更为宽泛的意义上理解"治安"概念，则在合法性分析之外，显然还需要嵌入合宪性以至正当性论证的成分，进而使"治安承包"问题在一定程度上超越传统治安权（公权力）的授权或委托的固有框架，更加关注国家、市场、社会之间形成的合作治安模式。因此，在谈论治安承包问题时，基于对"治安"概念的不同理解将会影响承包内容和范围出现扩张或收缩的不同趋势。总之，在宽泛"治安"概念不断限缩的过程中，通过历史、理论研究及学科建设、法律规范、国外"治安"语词等多维度去思考变迁中的"治安"概念，可以发现它是一个极具张力的概念系统，既可以适当扩张以容纳公私合作型治安模式的内容，又可以在必要的时候适当限缩，重新回归到治安权（公权力）运作与合法性分析的框架之中。

2.1.2 从现象到本质："承包"概念的再思索

2.1.2.1 关于"承包"概念的认识局限与误区

本书在绪论中曾提及，不同于其他理论的"后发性"，"承包"映照了公私合作（民营化）的中国实践，蕴含着丰富的本土理论资源。回溯历史，在党的十一届三中全会召开后，我国的经济体制改革率先从农村开始。由地方试验并最终受到国家肯定的家庭联产承包责任制在我国全面推行，与此同时，在城市经济体制改革的浪潮中，承包的方式在国有企业改革、扩大企业经营权方面得到了广泛的运用。[①]自此，人们对于"承包"概念的基本认识逐渐确立。一方面，"承包"的作用在于能够在农业、工业等不同领域的生产、经营环节发挥独特的优势；另一方

---

① 谷书堂.对承包制历史方位和发展前景的再思考[J].湖北社会科学,1989(1):32–33.

面，"承包"的形式逐渐成为市场经济活动中人们愿意采取的重要经营方式。此后，经济学领域关于"承包"的研究日益增多，形成了大量可观的研究成果。在20世纪八九十年代间，在经济领域之外的其他社会领域中也随之出现了诸多"承包"的现象。①但遗憾的是，长期以来人们对于"承包"概念的理解和使用深受经济学知识的影响，大量涉及"承包"的法学问题也都习惯于选择从民商法视角切入（以围绕土地承包权的系列问题最为典型），导致"承包"一词在其他部门法特别是公法学领域的研究和使用日渐匮乏。时至今日，提及"承包"，自然会直接联想到民事合同形式，进而就是运用民法理论将合同解释为平等主体之间设立、变更、终止民事权利义务的协议。

然而，在法学研究中，"承包"这一极具中国本土色彩的语词是否一直受制于民商法研究视野的框定，还是可以突破人们现在的固有认识，寻找到公法学的理论支撑？事实上，仅就本书所讨论的"治安承包"而言，其由于涉及社会治安"权限"在公私部门之间重新配置，对该问题的研究恰恰可以发掘出"承包"的公法学意义。因此，基于公法学的研究视野，需要透过现象看本质，在"治安承包"问题的研究思路中重新认识"承包"的本质。

2.1.2.2 "承包"概念的契约本质

"所有公法问题或制度，都可以还原为契约及其机制，公法哲学体系的源头就在于契约范畴。"②因此，在公法学或者政治哲学的视野中，每一个承包过程因其必然需要订立承包合同（或协议）而实质上经历了一次达成契约的过程。换言之，"承包"具有契约的本质，不能简单地

---

① 王利敏.也要有些"社会承包"[J].社会,1985(3):16-17.

② 于立深.契约方法论——以公法哲学为背景的思考[M].北京:北京大学出版社,2007:19.

将"承包"视为民事合同或私人契约的达成，而应当去发掘其背后的公法契约属性，特别是选择公法学的视角切入"治安承包"的问题作分析。然而，当下关于契约理论的研究存在一个误区，即认为公法上的契约并不具有独立的演进路径，其最先受到私人契约的影响，应当从私人契约的角度加以考察。这一误区形成于清末民初时期，当时一些学者在学习、推介西方社会契约理论的过程中并没有清晰地把握社会契约理论的基本内涵和生成脉络，进而导致形成了私法契约先于公法契约，甚至前者是后者基础的误读。以梁启超为例，他就将契约划分为"小契约"和"大契约"，认为前者与"私约"对应，系指"一人或数人之交际，一事或数事之契约"；后者则与"邦国之民约"对应。他特别指出，小契约是大契约的基础。①久而久之，在缺乏对契约理论追本溯源的情况下，许多学者接受了私法契约作为契约理论的起源意义。这或许可以成为解释"承包"一词为何被公法学理论长期忽视的重要原因之一。

事实上，公法契约并非由普通契约所产生，其具有独立的发展脉络。在西方政治哲学理论中，契约理论经历了以正义为核心的早期契约论、以权力合法性为核心的统治契约论、以人造国家为核心的社会契约论、以个人理性选择为核心的新契约论的理论变迁。②在长期的理论变迁过程中，尽管契约理论在不断革新，但其契约理论一直以来都被用以论证政治权威、国家起源以及正当社会的建构等公法问题。③我国学者喻中认识到了这一点，他认为可以将权力起源时期的代议民主制视为契

① 梁启超.卢梭学案[C]//葛懋春,蒋俊.梁启超哲学思想论文集.北京:北京大学出版社,1984:59-60.

② 于立深.契约方法论——以公法哲学为背景的思考[M].北京:北京大学出版社,2007:39-52.

③ BOUCHER D, KELLY P. The Social Contract from Hobbs to Rawls[M]. London: Routledge, 1994: Preface.

约的最初萌芽，而单纯的民事契约即使重复数万次也难以直接构成社会契约论的基本立场。①除了依赖西方政治哲学理论，我国的本土资源中实际上也蕴含了公法契约的内容，甚至可以成为私法契约并非绝对是公法契约的基础的中国论据。例如，宋格文对于我国古代的"盟"和"约"进行了考察，提出政治性的"约"影响了世俗契约，特别是在程序细节上，"盟"的歃血仪式影响了私人契约中的饮酒宗教仪式。②此外，还有的学者已经认识到了契约公法属性的前提性意义。例如，邱本出于对社会契约精神缺失的担忧，提出社会契约才是私人契约的前提和基础，同时也尖锐地批判了以往以民法为主的研究进路。③因此，至少可以提出一个保守的论断：即使可以证明公法契约在某个历史时间节点借鉴过私法契约的表征，但也并不代表其应受制于私法自治的结构。同样，"承包"的概念蕴含了公法和私法意义上的双重契约意义。

基于上述分析，当"承包"的内容涉及"治安"权限与任务时，"承包"的契约本质及其理论张力将拓展潜在的研究对象。我国台湾地区学者李震山曾以参与依据为标准将私人参与执行警察任务的类型划分为基于紧急状况、本于法令之义务、出于自愿、依据契约。抛开这种分类的意义，恰好可以借助契约理论分析出这四种情形都具有"对治安进行承包"的实质，它们的合意过程（即契约的缔结过程）既可以基于法律条款的直接规定，也可能经历协议（合同）的约定过程，还可以是社会组织或个人出于自愿或者私力救济的目的所达成的合意。"依据契约"的情形不必多说，"治安承包"的一般过程通常都需要缔结形式上

---

① 喻中.权力的起源：一个比较法文化的考察[J].现代法学.2003(2):35.

② 高道蕴,高鸿钧,贺卫方.美国学者论中国法律传统[M].北京:中国政法大学出版社,1994:196-197.

③ 邱本.契约总论[J].吉林大学社会科学学报,1995(4):39.

的行政协议（合同）或民事合同。"本于法令之义务"的情形虽然没有形式上的"承包"协议（合同），但国家直接通过法律的明确规定将部分治安权限划分（授权）给私人部门，实际上就是将该部分的治安权限承包给了私人，而立法过程所经历的正当程序本质上也可以用契约来解构。①"基于紧急状况"和"出于自愿"的情形则都可以在社会契约理论中找到根据，即当政府无法保障公民自由与安全时，公民有权根据天然的社会契约收回其先前让渡给政府的权力（利），这就表现为紧急状况下的自卫等私力救济或者自愿行为。因此，在这两种情况下，虽然没有形式上的"承包"协议，但在契约理论中也可以理解为"治安承包"。也就是说，"治安承包"涵盖了由法律规定的治安任务承包、通过行政契约（协议）或民事合同的有偿治安任务承包、基于自愿的无偿治安任务承包等多种形式，这些都可以纳入公私合作型治安模式的分析框架之中。如果没有理解前述对于"承包"的契约本质的分析，就很可能仅仅关注表面的、直观的"治安承包"现象，从而忽视其他实践模式在"治安承包"理论框架中的重要位置及其对于公私合作型治安模式的理论建构意义。表2.1展示了"契约"是如何把"公共部门将治安权限与任务配置给私人部门"的各种情形与"治安承包"联系起来的。

表2.1　契约与治安权限与任务配置情形的联系

治安权限与任务配置的具体情形	契约缔结形态(承包的形式)	契约属性
法律直接规定或授权	契约在立法过程中缔结	实质契约(隐性)
形式上的协议(合同)	契约在协议(合同)过程中缔结	形式契约(显性)
紧急状态或自愿行为	契约在社会契约理论中缔结	实质契约(隐性)

---

① 于立深.契约方法论——以公法哲学为背景的思考[M].北京:北京大学出版社,2007:136-139.

2.1.3 "治安承包"：一个理论框架式的概念

澄清了"承包"的契约本质，关于"治安承包"（对治安进行承包）的理解同样应当超越以往的民法（私法自治）结构，进而塑造一个具有公法学意义的理论框架。

纵观宇内，社会治安领域的公私合作（民营化）实践并不罕见。在国外，诸如犯罪的预防和防范、保安、预警系统的维护、监狱管理、军事安全、消防等具体领域事项都可以通过合同形式进行外包。典型的治安服务外包模式与一般公共服务外包模式在形式上有所不同，其更加依赖于公法契约的理论框架来设计具体的外包规则。为了更便于在我国的法治语境中展开分析，将"外包"一词转换为"承包"更为合适。在我国，除了各地出现的直接冠以"治安承包"的典型实践模式，还有诸如聘用警务辅助人员（协管员）、拍违举报、消防民营、警方线人（治安志愿者或付费协助者）、合作戒毒、道路清障施救、情报（工作或系统）外包等现象在本质上是公共部门的治安权限与任务向私人部门进行配置的过程，从而可以将这些现象理解为对部分公共治安服务进行承包的活动。换言之，那些招录治安辅助人员及交通协管员协助警察从事治安及交通管理工作，成立民营消防队提供消防服务，鼓励民众拍摄交通违章并向公安机关举报，吸收民间社会力量参与戒毒及社区矫正，发动治安志愿者和信息员参与维稳安保等活动，都可以纳入"治安承包"的研究视域当中。例如，"民营化大师"萨瓦斯就使用了"合同承包"一词来概括由各种承包方提供预警系统的维护、保安、犯罪预防和巡逻、火警服务、监禁和拘留、看守服务、安全服务等大量治安领域的公共服务（警察服务）的一系列现象和活动。①

总之，从表面上看，"治安承包"可以说是一种具有我国特色的公私合作（民营化）实践现象。在此基础上，许多学者都在使用"治安承包"一词来描述我国各地所开展的各种相关实践活动时，使用的是一种现象描述式的"治安承包"概念。然而，从本质上看，政府将部分治安任务通过各种形式交由私人组织或个人承担，以及私人组织或个人基于各种原因主动或被动参与防止危险、维护公共安宁秩序的一系列活动都可以抽象出"对治安进行承包"的实质，展示了公共权力的重新划分和配置（公共部门将部分治安任务配置给私人部门）。因此，本书将超越以往关于"治安承包"的朴素认知，将之界定为包含现象描述式和理论框架式的概念集合，其理论张力可以与"治安行政领域的公私合作（民营化）"相通，且因更加契合我国本土的法治语境而可以替代后者。鉴于"治安承包"概念的重新框定，以往直接冠以"治安承包"的实践模式和其他形式或实质上属于公共部门将部分治安任务配置给私人部门的实践模式都将成为本书的研究对象。

2.2 "治安承包"的现实动因

2.2.1 传统治安形态的困局

我国社会正在经历从社会体制、社会结构到社会形态的三重转型和变迁，而在转型社会中出现的诸多矛盾实质上都根源于在社会、政治、

---

① 萨瓦斯.民营化与公私部门的伙伴关系[M].周志忍,等,译.北京:中国人民大学出版社,2002:71.

经济、文化、生态等不同领域中已经发生或正在发生的深刻变化。在治安领域也不外乎如此，复杂多变的治安形势、官方的治安力量不足（警力不足）、财政和编制压力等传统治安形态的困局促使国家、政府与民众开始重新思考社会治安权限与任务的配置问题，这也激发了各种"治安承包"的探索实践。

2.2.1.1 复杂多变的治安形势

自 20 世纪七八十年代以来，国家从计划经济时代转向市场经济时代，经济结构的调整变化和城乡二元结构的打破促使组织、单位和个人之间的人身依附关系逐步消失，地域与个人之间的系带也随之松动，整个国家的人、财、物的流动速度不断加快。这些变化在促进国民经济增长和人民生活水平提高的同时，也在一步步瓦解着传统的社会控制机制，使社会治安形势呈现出日益复杂化的趋势。在一段时期内，我国多地发生过涉枪涉爆、聚众持械斗殴、群体性暴力、暴力恐怖、暴力袭警/袭击民众等突发性社会安全事件，严重影响了社会秩序和人民群众的生命财产安全。复杂多变的社会治安形势对警察部门的风险防控能力提出了更高的要求，倒逼警察任务及其权限从现实、具体的危害防止转向未知、抽象的风险预防，以此回应社会治安问题的复杂多变性。与此同时，许多学者在描述社会治安形势的过程中解释了社会治安问题的复杂多变性。例如，邹东升认为，一方面，高频率的人口流动客观上提高了犯罪得逞率，造成打击犯罪的确定性的降低，削弱了社会治安防范的力度；另一方面，社会治安形势还存在敏感性的问题，即一起普通的治安案件一旦处理不当就很有可能升级为社会热点问题，甚至诱发其他矛盾和问题。[①]

客观地说，回应社会治安形势的复杂多变性，需要内外兼顾、齐头

---

① 邹东升.契约治理视域的治安承包[M].北京:中国检察出版社,2009:116.

并进。着力提升警察部门的风险防控能力固然十分重要，但是寄希望于公共部门（公安机关）自身的改革以及传统治安管理策略的实施难以有效实现社会治安的目的，需要重视私人部门（包括市场主体和社会主体）在维护社会秩序与安全活动中的积极作用。面对社会治安形势的复杂多变性，邹东升赞同采取以"治安承包"为代表的社会治安综合治理的各种手段来促使更多的社会力量辅助控制社会治安局势。当然，社会治安形势的复杂多变性并不代表无法防范。事实上，也呈现出了可防范的特征。例如，章志远提出，在流动人口密集的地区，应当充分利用各种社会力量有效强化社会治安，发挥治安防范的重要意义，而"治安承包"正是以吸引民间力量参与社会治安防范为主旨的。[①]换言之，他在承认社会治安形势复杂性的同时看到了社会治安的可防范性的特征，是颇具洞见的。

因此，"治安承包"的现实动因源自社会治安问题本身的复杂多变性及其可防范性。

2.2.1.2 官方的治安力量不足

官方治安力量不足，一般普遍称之为警力不足，这一问题在世界各国都普遍存在，在我国这样的人口和地域大国则表现得更加突出。究其原因，主要分为两个方面。

一方面，作为公共安全服务的重要供给者，我国的公安机关处在任务多元、职能泛化的压力之下，人民警察需要履行宽泛的职权。具体而言，我国公安机关及其人民警察除了根据《人民警察法》第二条和第六条实现法定任务、履行法定职责之外，还需要时常服从于政治任务，化解各类社会矛盾纠纷，协助应对除社会安全事件之外的其他突发事件，

---

① 章志远.行政任务民营化法制研究[M].北京:中国政法大学出版社,2014:22.

履行其他有关社会服务的宽泛职能。由于宽泛的任务和职能，警察责任也呈现出宽泛性和特殊性。一般而言，警察责任至少涉及政治责任、纪律责任、法律责任三大方面。实证观察显示，几乎在每个地区，公安机关及其人民警察的既有力量都无法解决治安领域出现的全面问题，大量警察频繁加班、熬夜，因患病、过劳牺牲的警察数量居高不下。[①]然而，这些令人痛心的数据并没有换来一劳永逸的治安效果。加之近年来一些涉警负面事件偶有发生，进一步加剧了民众对于官方治安能力不足的担忧。

另一方面，财政和编制压力。相较于发达国家，我国警察数量与人口数量之间的比值较低。[②]换言之，我国的警察人员配备与庞大的治安任务不成正比。为了解决官方治安力量不足的症结，一种简单的应对思维就是增加警力。不可否认，这确实是一种有效的方法。然而，我国幅员辽阔、人口基数庞大，如果参照发达国家的警察/人口比值，则无节制的警力增长势必极大加重国家和政府的财政负担。在经济不发达的地区，这种矛盾更加突出。此外，尽管警察数量在我国行政机关编制数量中所占的比重较高，但为了避免行政权（警察权）的过度膨胀，国家对于公务员的编制数量有着十分严格的规定。例如，国务院先后制定了《国务院行政机构设置和编制管理条例》和《地方各级人民政府机构设置和编制管理条例》，对中央国家行政机构、地方行政机构的设置和编制管理作了总体上的规定；对于公安机关这一职权比较稳定的部门，国务院还制定了《公安机关组织管理条例》；除此之外，由国务院办公厅

---

① 详细数据可以参考：李娜.突发疾病猝死岗位民警居高不下[N].法制日报,2015-04-02(5).

② 黄新春.论警力资源的科学配置与使用[J].公安学刊（浙江警察学院学报）,2009(1):84.

印发的，经国务院批准的所属各行政机构的"主要职责内设机构和人员编制规定"（俗称"三定方案"），对各行政机构的职责、机构、编制作了详细的规定；等等。

面对宽泛的警察任务与财政和编制压力，官方的治安力量存在能力的"天花板"，不足以完成全面的社会治安任务，而市场和社会力量则可以突破财政和编制的束缚，协助公安机关完成广泛的社会治安任务。

2.2.2 社会对治安的需求增加且日趋多样化

2.2.2.1 社会对治安的需求增加

萨瓦斯曾归结了政府服务需求增长的六点原因：第一，人口结构的变化，如人口老龄化；第二，城市化进程导致人们互相之间的争端增加；第三，民众收入不断增长，可以支付更多的政府服务；第四，规避风险，甚至将某些本质上是属于个人性质的风险也强加在政府身上；第五，弘扬文化，即社会文化的弘扬需要政府主导，如果将之留给私人领域，社会就会流于鄙俗；第六，财政幻觉，即误认为政府不以营利为目的，政府的服务必然物超所值，最终结果是促使政府增加服务。[1]由于社会治安事务属于政府公共服务的一项重要内容，其归结的六点原因具有普遍性，因而也可以用来解释我国社会治安需求的日益增加。

2.2.2.2 社会对治安的需求日趋多样化

随着人民收入和生活水平的提高，社会民众对于生存的需求已经被更高层次的安全需求所替代。由于我国各地经济发展有快慢之分，个人之间也存在收入分配的差距，社会贫富分化现象开始出现。这是社会治安需求多样化形成的根本原因。受到警力分布和支付能力的限制，一部

---

① 萨瓦斯.民营化与公私部门的伙伴关系[M].周志忍,等,译.北京:中国人民大学出版社,2002:23.

分地区的民众很可能难以实质享受政府提供的基本公共安全服务；与此同时，还有一部分群体并不满足于基本公共安全服务，他们的需求高于社会一般需求且有能力支付相应的对价。可以说，在社会对治安的需求日趋多样化的背景下，为了填补部分地区（区域）的公共安全服务短缺，或是增加部分地区（区域）的公共安全服务供给，都可以采取承包的形式吸引市场和社会的力量参与完成社会治安任务，这也就成为了"治安承包"出现的动因。

2.2.3 民间社会治安力量的发展

过去，我国民间社会组织并不发达。在改革开放之后，民间社会组织逐渐在社会的各行各业出现，在国家的政治、经济和社会生活中发挥了重要的作用，在推动法治进程方面的作用也十分明显。它们不仅形成了组织化、群体化的权力制约和平衡力量，促进了多元利益、权利保障和增进了自生自发秩序，也形成了反思对话的互动协商机制和"民间治理"等，从而构成了市民社会兴起的重要动力和支持。[①]具体到治安领域，党和政府一直以来都善于发挥人民群众对于社会治安方面的辅助作用。例如，早在新中国成立初期，我国就建立了以派出所为主导，以治保会为骨干，群众广泛参与的社会化治安服务模式。[②]长期以来，民间社会治安力量一直为保障人民生命财产安全、维护社会治安秩序发挥了重要的作用，治安保卫组织、治安联防组织、治安志愿组织等社会组织或人民团体构成了我国民间社会治安力量的主要形态。此外，鉴于近年来政府通过购买服务的方式将大量原本属于其直接管理的事务推向社

---

① 马长山.法治进程中的"民间治理":民间社会组织与法治秩序关系的研究[M].北京:法律出版社,2006:5.

② 邹东升.契约治理视域的治安承包[M].北京:中国检察出版社,2009:58.

会，越来越多的市场组织也不断以竞标或接受委托等方法承包公共服务。因此，民间社会治安力量的蓬勃发展可以视为"治安承包"的有力动因。

2.3 "治安承包"的理论基础

尽管域外民营化的改革和实践也往往以"实际需要"为根据[①]，但"治安承包"的现实需求并不足以绝对证成其正当性。鉴于前述对"治安承包"理论框架分析，不管是直接冠以"治安承包"的现象，还是其他以公私合作的形式完成社会治安任务的活动，都可以一并在整体上论证其正当性问题，探寻支撑其正当性的理论基础，从而彻底完成所谓"前民营化"研究视野中的任务。纵观政治学、公共管理学、经济学、社会学（犯罪学）以及法学中不同学科的理论，可以从中发掘出一些解释、论证"治安承包"的理论观点，为"治安承包"的实践推进提供了正当性支撑。此外，由于这些理论经常为国内外学者研究相关问题时所使用，因而可以归纳为"治安承包"正当性论证的传统（一般）研究进路。

2.3.1 "治安承包"的跨学科理论基础

2.3.1.1 "契约"理论

政治哲学中的契约理论论证了"治安承包"的正当性。在"治安承包"的理论框架中，公私部门通过各种形式的合作共同完成社会治安任

---

① 米丸恒治.私人行政——法的统制的比较研究[M].洪英,王丹红,凌维慈,译.北京:中国人民大学出版社,2010:148.

务。其中，私人部门参与协助履行社会治安任务的活动在形式上属于私人执法的范畴，具有公权力的外观。问题在于，私人部门如何得以行使或辅助行使治安权（警察权）这一公权力，可以运用契约理论来解释与证成，而公私部门之间的合作关系也正是由契约关系所构成的。具体而言，在"治安承包"的过程中，作为公共部门的发包方和私人部门的承包方之间订立治安承包合同（或协议）的本质属于契约范畴。尽管契约一词可以在无数种语境中使用，但在政治哲学的视野中，契约被用于公法上的意义。正如卢梭所言，由于人类不可能产生新的力量，但可以将分散的力量集合为一，以共同的力量来维护和保障每个结合者的人身和财产权利，并在保证全部结合者自由的基础上使其服从于本人。一旦社会契约被破坏，每个人便立刻恢复了原有的权利；一旦失去约定的自由，每个人都可以收回先前为得到约定自由所放弃的天然自由。[1]根据社会契约理论，如果政府无法有效地维护社会治安，个人可以收回自己让渡的维护治安的天然权利和自由，这为"治安承包"提供了有力的理论基础。

2.3.1.2 "多中心治理"理论

根据我国传统行政管理学理论，国家和政府的主要任务是成为合格的社会管理者，事无巨细必须亲力亲为，权力不得随意放弃。这种思路导致实践中出现政府机构及其工作人员对于大小行政事务大包大揽，忽视市场、社会组织以及个人在其中可能起到的辅助作用。随着公共行政领域的变迁、新公共管理运动和公共行政改革的推进，国家治理理念也得以革新。如何处理公私主体之间的角色关系，是一个事关国家、市场和社会"治理"战略的问题。回溯"治理"词源，governance一词源于希腊语kybern，其含义是"掌舵"，而非"划桨"。这说明"治理"语词

---

① 卢梭.社会契约论[M].李平沤,译.北京:商务印书馆,2011:18-19.

及其概念的缔造者自始认为，政府对于直接提供服务并不在行，良好的"治理"策略是促使政府回到掌舵者的位置上，去指导、依靠私人部门划桨。①基于类似的认识，在政治学和公共管理学研究领域开始接受一种所谓的"多中心治理理论"，即政府并非国家唯一的权力中心，各种公共的和私人的机构只要其行使的权力被公众认可，就都可以成为在不同层面上的权力中心。②基于"多中心治理理论"，公共治安服务也可以由政府、市场、社会共同生产与提供，政府单一中心的治安管理模式转向政府、市场和社会相结合（公私部门合作）的多中心治安治理模式。由于"治安承包"具有公私部门合作提供治安服务的本质，其处理的正是公私主体之间关于维护社会治安的不同角色定位和权限分配问题，进而引导来自公或私的多个不同主体参与到社会治安治理的活动当中，因而可以结合"多中心治理理论"予以论证。

2.3.1.3 "成本收益分析"理论

在谈论公私合作（民营化）问题时，萨瓦斯曾有过一段经典论述："问题的实质不在于公营还是私营，而在于垄断还是竞争。在提供低成本、高质量的物品和服务方面，竞争往往优于垄断，而大多数政府活动又毫无必要地以垄断方式组织和运营。"③萨瓦斯的叙述侧面反映了经济学理论中的极其重要的竞争和效率问题。由于公共领域的"安全"是一种典型的公共产品，但过去公共部门通常兼具公共安全的安排者和生产者的双重身份。安排者指派生产者给消费者、指派消费者给生产者或选

---

① 萨瓦斯.民营化与公私部门的伙伴关系[M].周志忍,等,译.北京:中国人民大学出版社,2002:6.

② 罗峰.社区公共治理与和谐社区的组织化构建[J].中国行政管理.2008(8):97.

③ 萨瓦斯.民营化与公私部门的伙伴关系[M].周志忍,等,译.北京:中国人民大学出版社,2002:161.

择服务的生产者，而生产者则直接组织生产或直接向消费者提供服务。当安排者和生产者结合时，将会产生维持和管理层级系统的成本，即官僚制（科层制）成本；而当安排者与生产者分离时，将会产生聘用和管理生产者的成本，即交易成本。两种成本的相对值决定了安排和生产功能是否值得分开。①

基于"成本收益分析"理论，为了提升效率并追求利益最大化，公共部门不再全盘负责公共服务的安排和生产，而是视情况（通常为官僚制成本大于交易成本时）将生产环节转移至私人部门，用以提升整体效率，同时提高自身对公共服务提供者和生产者的监督控制能力。根据公共选择理论，也没有任何逻辑理论证明公共服务必须由政府机构提供。

2.3.1.4 "社区治安"理论

不同于国内，国外治安理论并没有形成独立的治安学学科，而是依托于社会学或犯罪（社会）学。前述提及，国外的治安理论包括三种主要理论模式，分别是"转型理论""破窗理论"和"理性选择理论"。根据社会学（犯罪学）的基本理论——"产生犯罪的根源在社会，抑制犯罪的根本力量也在社会"。②因此，"转型理论""破窗理论"和"理性选择理论"这三种治安理论近年来都将重心集中于"社区治安"理论的建构。从"阻吓理论"到"破窗理论"，再到"问题导向型警政"的演进，"社区治安"理论经历了从"技治主义"向"空间主义"的范式转变，空间理论成为"社区治安"理论研究的主流阐释，其中心议题是将

---

① WILLIAMSON O E, Transaction-Cost Economics: The Governance of Contractual Relation[J]. Journal of Law and Economics, 1979, 22(2):233-261.

② 秦立强.社会稳定的安全阀:中国犯罪预警与社会治安评价[M].北京:中国人民公安大学出版社,2004:251-252.

治安权归还社区，激励基层社区力量积极参与治安管理。[1] 显然，"社区治安"理论的引介为"治安承包"提供了一种正当性支撑。

2.3.1.5 警务改革理论

警察诞生于西方，警务改革理论也有相同的路径。值得注意的是，虽然现代警察机关和制度的确立以1829年英国伦敦市警察局的建立为标准，但在此之前，各种"私人警察"已在西方社会中广泛出现。例如，英国的处理私人纠纷的团体、英格兰地区的强制性社区保护制度、美国的治安官巡逻制度，等等。[2] 私人警务与公共警务很难在表面上区分，两者在制服配备和行为方式上十分相似，甚至完全相同。[3] 可以说，西方后世针对"私人警察"（或者说准公共警察）现象的理论化阐释构成了警务改革理论的一个重要前提，同时也可以成为论证"治安承包"正当性的一个理论依据。

具体而言，现代西方警务改革理论经历了警察职业化、警察专业化、警察现代化、社区警务四次理论演进。在最近一次警务改革（从20世纪七八十年代兴起的社区警务运动）浪潮中，对于社会资源的广泛利用延伸出了警察民营化和警察社会化的理念，这对于"治安承包"而言显然也是一个直观的理论依据。除此之外，还有晚近关于警察任务和权限转型的理论：为了应对不确定的社会秩序与安全的风险，警察的任务和权限从过去的现行的、具体的危害防止转向现在针对未知的、主观的风险的预防。2016年法国尼斯恐怖袭击案，涉案卡车冲进人群开了2000

---

① 陈周旺,申剑敏.国外治安理论主要模式及其发展趋势[J].国外社会科学,2011(3):81-84.

② 邹东升.契约治理视域的治安承包[M].北京:中国检察出版社,2009:6-7.

③ HUNDLEY W. Neighborhoods Turning to Armed Guards: More Owners Paying in An Effort to Feel Secure, Kee Phome Values up. Dallas Morning News[N], 2003-06-15(1).

米才被截停的主要原因就是安保人员的不足。尽管事后当地政府提升了安保等级，增加了安保数量，但市民普遍认为依旧缺乏安全感，甚至有一种绝望的感觉。①这从侧面说明了我国通过构建社会治安防控体系来实现风险预防目标的重要性，而仅凭正式警察一方之力显然是捉襟见肘的，市场和社会力量的参与辅助不可或缺。

2.3.2 "治安承包"的法理基础

在"法治化"的取向下，围绕"治安承包"的法学基础理论探究当属重点任务之一，这也是"前民营化"研究视野中尚未完全解决的一个问题。笼统地说，就现有的研究成果而言，在公法学（宪法学与行政法学）、法理学②、民法学、刑事法学、经济法学等不同学科中都存在若干可以解释或证成"治安承包"的基础理论。鉴于前述论证，"治安承包"本质上是基于公法学意义上的"契约"理论所形成的公私关系及其在治安领域所构建的合作型治安模式，因而"治安承包"的正当化进路可以更加倚重于构建公法学的理论基础。值得注意的是，公法学的基础理论受到政治哲学理论的诸多启发（如"契约"理论），且与公共管理学等其他学科的基础理论也存在相互借鉴与交叉之处。

2.3.2.1 公私合作理论

当前，公共行政领域正在经历一场深刻的变革，以软法思维、协商与合作机制为代表的新兴现象的出现与发展，给传统法律及法律行为带来了挑战。就行政法学而言，伴随着管理到治理、硬法到软法、静态到

---

① 赵信.尼斯之后:应对恐怖袭击要从根子入手[N].21世纪经济报道,2016-07-18(6).

② 法理学对国家、市场与社会的分析实际上源于政治学理论的启发，以下不再赘述。

动态的研究范式转换，传统上以"法律形式主义"为中心的行政法理论逐渐松动，日益展露出某些新的色彩。以公私合作为现象的合作治理模式即是一起典型例证，巧合的是，当下正在经历的行政法学范式转换的三大趋势在公私合作的理论框架下都能够得到充分体现。公私合作超越了传统行政法基于立法民主而对行政机关裁量权（行政权）严格控制的逻辑，改变了长期以来传统行政法在行政主体和相对人之间建立起来的"命令—服从"的理论分析框架，塑造了"合作—互信—协商"的新行政法精神，使行政相对人全方位地参与行政权力的运行过程，反而契合了行政民主化的发展趋势。当前，在合作治理模式下展开的诸多公私合作的实践已经成为解决行政管制（或规制）难题的有效路径，提高了行政效能，符合现代福利国家对政府的角色期待。

在秩序行政领域，"治安承包"既是公私合作的一个典型范例，又为公私部门之间重新配置社会治安权限与任务提供了理论框架。正如有学者指出，"治安承包"是公法与私法融合的产物，体现了20世纪下半叶以来全球范围内兴起的（单纯依赖国家机关的）"统治"向（更强调市民社会参与的）"治理"的转变趋势，私人主体、市场机制被引入到政府组织和公共行政之中，私法上的契约以及与契约相伴的市场理念也渗入到传统意义上的公法领域，形成了跨越公法与私法两个领域之间界限的"混合行政"。①尽管该学者在语境中指涉的是直接冠以"治安承包"的现象，但其基本论断显然存在超越其研究对象的理论张力，亦可以作为理论框架式的"治安承包"的正当性基础。

当然，在关注公私合作的功能之外，其界限的确定同样值得注意。就目前而言，在给付或服务行政研究领域，比较容易地突破了传统禁止

---

① 金自宁.读"治安承包"现象——探讨公法与私法融合的一种可能性[J].法商研究,2007(5):127.

授权原则的框架，将原本由国家管理的给付、服务等具有公共职能的事项承包给私人主体处理的尝试已经是普遍现象。然而，传统上的高权或谓传统上的国家（政府）核心权力是否可以授予私人履行依然面临禁止授权和法律保留的制约，将社会治安任务承包给市场或社会的"治安承包"仍然面临对其正当性的质疑。随着时间的推移和研究视野的拓宽，越来越多的学者开始接受传统上的高权或国家（政府）的核心权力存在流变的可能，一项权力是否绝对属于政府行使的范畴可以随着客观的法秩序和具体的情势发生改变。例如，我国台湾地区学者陈爱娥认为，"某项公共任务是否确属公权力主体的特殊任务，必须依据特定时空下的具体秩序来决定"。[①]李年清则直截了当地提出，传统上属于政府的行政职能将伴随政府与市场关系的变化而变化，随着我国市场经济的逐渐成熟和民营化的深入，某些原本属于政府的职能也可能转化为市场的责任。[②]又如，郭泽强提到，在社会处于转型时期、社会矛盾相对突出、警力资源相对有限的情况下，国家会给予公民更多的防卫权来对抗不法犯罪行为；而在社会发展逐渐平稳、文明程度相对较高、警力资源相对充足的情况下，打击犯罪、惩治不法主要通过国家公权力来完成。[③]作者尽管没有直接言及"治安承包"，但文中针对不同历史时期中公民拥有的防卫权多寡所作的精辟分析亦是在复杂多变的社会治安形势下增强社会防控力量，开展各种"治安承包"实践的理论基础。

2.3.2.2 公共服务理论

法国学者狄骥在描述公法变迁时提出的"公共服务理论"有助于加

---

① 陈爱娥.公营事业民营化之合法性与合理性[J].月旦法学杂志,1998(5):39.

② 李年清.私人行政司法审查受案标准的美国经验——兼论我国私人行政责任机制的构建[J].法制与社会发展,2015(3):166-167.

③ 郭泽强."权利与权力"框架下的防卫权[J].法学,2014(11):67.

深对"治安承包"的认识。狄骥认为:"公共服务的概念正在取代主权的概念,国家不再有发布命令的主权权力,而是由一群个人组成的机构,这些个人必须使用他们所拥有的力量来服务于公众需求。公共服务的概念是现代国家的基础。"①前述提及,在给付或服务行政领域已经出现了大量将公共事务承包给市场和社会的现象。同样,在秩序行政领域,面对传统上由国家行使的行政权力,如果将其理解为涉及公共秩序与安全的产品提供和服务供给,似乎也得以改头换面,成为一种公共服务事项。正如蔡金荣所言,"治安承包"是现代行政从"秩序行政"向"服务行政"嬗变过程中的产物,"治安承包"本身即是政府为了满足不断增长的公共服务的质和量的需求而向社会购买原本由其直接生产的公共服务。②

可以说,"公共服务理论"深刻影响了秩序行政领域中关于行政机关的任务和行政权的理解。相应地,警察任务和警察权的行使也可以理解为一种提供警察服务的过程。同时,为了更好地提供警察服务以满足社会民众对于公共安全服务的需求,允许市场和社会力量通过各种承包形式参与完成社会治安任务的活动也将一定程度解决公共部门(公安机关)能力有限的问题。

2.3.2.3 行政过程理论

传统行政法学将目光聚焦于行政过程的最后结果,静态地考察行政行为的合法性。随着现代公共行政的发展,行政过程逐渐被接受为各个连续行为形式的结合,应当以全面、动态的视角考察同一行政过程中各

---

① 狄骥.公法的变迁[M].郑戈,译.北京:商务印书馆,2013:8.

② 蔡金荣.治安承包再思考——法理阐释、制度依托与行为规范[J].中国人民公安大学学报(社会科学版),2010(2):1.

个行为以及同一行为内部的各个环节。①根据行政过程理论，行政过程存在多阶段、多行为的状况，可以将履行行政执法权的过程予以分解。一般而言，完整的行政执法过程需要经历立案、调查取证、广义的听证、处罚决定、决定送达等不同阶段，完成多个不同形式的行为。其中若干阶段性行为并不需要全部担负在政府部门及其公务人员肩上，可以将某些事务性或辅助性的事项交由其他力量来协助完成。因此，在"行政过程论"理论框架下又衍生出了"行政助手"理论。在"治安承包"的理论框架下，除了法律直接授权的情形，大多数"治安承包"组织或个人实际上只是协助完成行政过程中某个阶段的辅助性治安任务，而不真正享有作出具有法律效果的行政决定的权力。因此，某些具有辅助性、执行性的治安任务完全可以积极吸收市场或社会力量的参与，从而允许公共部门（公安机关）将该部分的社会治安任务配置（承包）给私人部门。

2.3.2.4 私力救济理论

另外值得注意的是，一些学者在思考私力救济问题时展开的理论探讨对"治安承包"理论框架的研究产生了积极的促进作用。例如，徐昕在其著作《论私力救济》一书中反思了国家与私人的关系、角色定位以及两造的合作可能性。这种对国家与私人关系的重新解读实际上触碰到了国家权力的划分与配置问题，隐含了公私合作治理的观点。他还在论著中专章讨论了"私人执法"的问题，提出在当代法律制度中，公共执法和私人执法实际上是混合交错的，私人为预防违法犯罪的自我保护或保护他人的行为（如正当防卫、紧急避险、自助行为）都可以分析出在国家来不及执法时由私人代为执法的本质。②

---

① 江利红.以行政过程为中心重构行政法学理论体系[J].法学,2012(3):51.

② 徐昕.论私力救济[M].桂林:广西师范大学出版社,2015:278.

基于上述观点，私力救济理论显然并不局限于民法上的意义。无独有偶，关于"治安承包"理论框架的思考也触及了国家与私人的关系、角色定位以及两造的合作可能性问题。申言之，"对治安进行承包"的过程系公共部门（公安机关）向私人部门配置社会治安权限与任务的过程，因而治安承包方的"权力"正当性也可以寻求正当防卫、紧急避险、自助行为、公民扭送等理论或制度规范的辅助支撑，而且这些私力救济行为业已纳入法律上的正当权利和制度。可以说，治安承包方的"权力"一方面来源于国家法律的授权和政府部门的行政委托、行政助手等理论，另一方面则来源于正当防卫、紧急避险、自助行为、公民扭送等私力救济理论。虽然在私力救济的理论分析中，这些指涉"私人行使警察权"的研究在缘起和目的上与本书的"治安承包"存在显著差异，但研究者们无不有意无意地对私人部门参与社会治安任务的各类活动予以反思和正当性论证，最终形成的理论成果也恰恰可为后者所用。

2.3.3 小结

在以往学术作品中，不少学者对于直接冠以"治安承包"的现象进行了理论化阐释和建构。论及"治安承包"，许多学者往往会诉诸上述某个或多个理论议题，进而将之视为"治安承包"的理论背景和基础。然而，以往的研究进路无不以这类宏观理论分析微观现象，恰恰忽视了兼具现象描述和理论框架双重维度的"治安承包"概念及其实践现象，低估了"治安承包"作为理论框架的价值。另外值得深思的是，在上述理论中，除私力救济等个别理论系经过我国本土的实证考察和经验总结之后才形成的，其他大部分从源头来说取自西方知识体系，而国内学者选择运用这些理论来完成"治安承包"的正当性论证时，也往往在潜移默化之中就走入了西方进路。例如，公共行政理论（决策理论与组织理论）、规制革新等新行政法的理论基础即源自美国环境规制的实践。诚然，此类理论议题确实在某种程度上可以营造出"治安承包"现象在我国出现的理论背景，又或许可以借以描述我国社会治安领域正在或已经发生的一般状况和趋势，但如果过分关注外部理论对于"治安承包"的影响和推动，将遮蔽我国"治安承包"理论的本土化生成路径和理论基础，进而陷入理论繁荣却难以回应实践问题的困境。

2.4 "治安承包"的历史基础

2.4.1 中国进路的提出

一个未经论证却被广泛接受的固有认识是，兴起于20世纪70年代，发展于20世纪80年代的西方第四次警务改革运动（社区警务）及其后衍生出的警务民营化和社会化理论对我国"治安承包"的萌芽和发展起到了重要的理论渊源作用。例如，邹东升在《契约治理视域的治安承包》一书中将警务民营化改革视为社会治安契约型治理的一个重要渊源。[1]又如，邱煜、郑孟望等学者都认为西方（如美国）警务民营化的改革对我国警务改革具有启示作用，应当在研究时予以借鉴。[2]诚然，西方先进理论对我国制度实践的影响作用不可忽视，但一个以中国问题为导向的研究，应当更加侧重于问题研究的中国进路，更何况"治安承包"的现代模式在我国开始出现的大致时间是在20世纪70年代末至80

---

[1] 邹东升.契约治理视域的治安承包[M].北京:中国检察出版社,2009:35.

[2] 邱煜.西方警务民营化改革运动对中国警务改革的启示[J].社科纵横,2008(12):89；郑孟望,邱煜.美国警务民营化改革及其启示[J].中国人民公安大学学报（社会科学版）,2009(3):85.

年代初，从时间上看并不绝对晚于西方警务民营化改革实践出现和发展的时间。假使以理论框架式的"治安承包"为研究中心，可以发现我国早已就社会治安权限与任务如何在国家与社会之间进行配置展开了大量的理论探索与实践尝试。甚至可以说，我国本土生成的社会治安理论也有可能影响西方有关理论研究。例如，有不少国外专家学者承认，观察我国20世纪五六十年代在治安领域开展的一系列实践，其中号召联系人民群众、吸收群众广泛参与社会化治安服务的做法，实际上蕴含了西方现代社区警务的理论内涵，"开社会警务发展战略之先河"；此外，联合国预防和控制犯罪委员会特别代表阿提道昆·阿迪耶未曾说，"中国的综合治理方针，为世界范围内预防犯罪作出了贡献"。[①]其实，国内也有学者注意到了这一点，如王大伟通过比较研究发现，中西方在社区警务改革过程中积极发挥社会力量参与治安的若干创造性举措存在互相影响和借鉴的情况。[②]因此，简单地将西方警务改革的理论视为"治安承包"的理论渊源（基础）值得商榷。

事实上，"治安承包"在我国的生成与历朝历代统治者的"治安"政策和具体措施密切相关，对这一流变中的历史资源予以细致梳理，将有助于在历史的比较中找到"治安承包"的中国理论基础。在对中国历史的回溯和考察中，可以将其划分为古代、近代、当代等时间节点。需要说明的是，之所以将古代与近代予以区分，从宏观上说是遵循历史学的基本划分方式，前后者之间的时间节点（1840年鸦片战争）促使中国从"闭关锁国"转向"被迫开放"，通常在中国史的研究中被作为划分

---

① 邱乐安.我国当前社区警务建设中出现的问题和对策[J].河北公安警察职业学院学报,2005(2):42.

② 王大伟.中西社区警务改革比较——简评南京市公安局社区警务战略[C]//社区警务国际研究会论文集.北京:中国人民公安大学出版社,2002:114.

古代和近代的标准；从微观上说两者都可以归属于新中国成立之前的历史。区别在于，在前者的时间段，在"闭关锁国"的环境中其有关的"治安承包"历史线索是自发的；而在后者的时间段，在"开眼看世界"的先进知识分子的影响下，西方理论思想开始影响中国，有关"治安承包"的历史线索显然混合了中西方的因素，如现代警察制度的学习与植入。此外，还可以将当代划分为新中国成立以后（为了历史的延续性，还需要兼顾中国共产党成立以来的历史素材）和20世纪70年代末80年代初改革开放以来两个历史阶段。从宏观上看，划分的时间节点（即20世纪70年代末80年代初）是我国从计划经济时代向市场经济时代的变革时期，需要采取不同的立场和视野去考察分析；从微观上看，家庭联产承包责任制自20世纪70年代末80年代初开始推行之后，承包方式在包括治安在内的各自社会领域开始广泛运用以致形成制度，具备了系统性研究的条件和样本。

2.4.2 历史中的"治安承包"

2.4.2.1 传统中国进路："治安承包"历史基础的古代样本

在我国的历史文献中，虽然没有出现直接冠之以"治安承包"史料记载，但历朝历代的统治者都有过如何配置国家与社会之间的治安权限与任务的思考，进而在治安领域尝试了诸多类似于现代公私合作的举措，也形成了依靠非官方的民间力量参与治安防范或辅助治安管理的历史传统。换言之，具体语词的使用可能受到不同历史时期的限制，但这并不妨碍在我国悠久的历史长河中探寻相似的样本。例如，招募民间力量参与"值更巡守"等一系列有偿或无偿的治安防范任务的做法在传统中国长期存在，而其他类似于"治安承包"的现象也可以成为当下研究"治安承包"的历史样本和本土资源。

早在奴隶制社会，统治者就有利用民间力量参与治安的尝试。在夏朝，国家的治安体制由国法与宗法统治相结合，当时的宗族家长几乎控制了所有基层兼负治安之责的组织，例如党、族、闾、比等。党设党正，族设族师，闾设闾长，比设比长。①夏朝的统治者充分发挥了宗族在基层社会治安中的防范和辅助管理作用，这种将国法与宗法统治相融合的治安模式实际上孕育了国家与社会展开治安合作的雏形。其后，商朝、西周延续了类似的思路。

在春秋时期，各个诸侯国在其统治范围内开始注重编织以保卫王权及私有制为目标，以血缘关系为纽带，以城池管理为中心，融神权、政权、族权为一体的社会控制网络。②为了保证社会控制网络的全面覆盖且有效运转，统治者们逐渐意识到充分利用民间社会治安力量的重要性，并通过自上而下的方式制定了若干制度予以确定。因此，当时已经出现了许多民间治安组织形式，可谓"治安承包"的历史雏形。例如，管仲在齐国推行"定名之居"的策略，即将齐国疆域内的每五户定为一轨，设轨长负责五户的治安秩序。商鞅在秦国变法，"教秦孝公以连什伍，设告坐之过连坐制"，对民众施行联防与连坐的制度。每五户有"伍老"，里有"里典"，负责邻里治安。治安有漏，株连治罪。虽然当时的统治者实行"连坐制度"且要求民众对违法现象检举告发的实质目的是更好地对民众施加控制，从而扩大统治基础、巩固政权，但实际上变相培育了民间治安力量，为封建社会构成了较为严密的治安防控网络，一定程度上有助于治安状况的改善，是古代国家整体治安策略中的重要组织部分，并且在此后数代统治者的治安政策中得以延续。除了自上而下的治安政策，在民间社会也出现了与治安有关的管教者——"三

---

① 郭成伟.社会控制:以礼为主导的综合治理[M].北京:中国政法大学出版社,2008:40.

② 陆永.当代中国警政与现代国家成长[M].南京:江苏人民出版社,2015:23.

老",三老的主要任务是排解纠纷,维护邻里秩序。[①]

在秦汉时期,统治者创立了户籍制度,并在地方设置都亭、乡亭等各种区域性基层机构,用以维护基层社会的治安秩序。值得注意的是,当时出现了由亭长组织各户出资,雇请更夫打更以保治安的现象。[②]这与现在的"治安承包"非常相像。此外,为了能够帮助搜集有关治安信息,统治者专门聘用一些人员用于刺探情报,即治安"耳目"。治安耳目一般不是治安机关的正式人员,而是在社会中根据特殊需要所聘用的。[③]可见,治安耳目在形式上与现在的"警方线人"无异,是一种借助社会人员力量完成治安任务的方式。到了群雄逐鹿的三国时期,"亭"的性质发生了变化,褪去了基层机构的属性,转变为专门负责乡里治安事务的治安辅助力量。[④]在南北朝时期,北魏孝文帝命李崇为兖州刺史,李崇为解决境内盗贼横行的问题,推行了置楼悬鼓报警制度,意欲通过治安联动的方式来发挥民众在基层社会中的治安作用。[⑤]唐朝统治者非常重视对基层社会治安的控制,在县级以下设置了乡、里、保、邻等民间组织,正所谓"百户为里,五里为乡,四家为邻,三家为保。每置正一人,掌按比户口,课植农桑,检察非违,催驱赋役"[⑥]。至北宋时期,王安石变法推行"保甲法",五家为一小保,五小保为一大保,十大保为一都保,分别选任保长、大保长、都保长、都副保长,

---

① 陈鸿彝.中国古代治安简史[M].北京:群众出版社,1998:127.

② 邹东升.契约治理视域的治安承包[M].北京:中国检察出版社,2009:34.

③ 王瑞山.中国传统治安思想研究——以"盗贼"为考察对象[M].法律出版社,2016:187.

④ 陆永.当代中国警政与现代国家成长[M].南京:江苏人民出版社,2015:25.

⑤ 魏书·李崇传(卷六十六)[M].北京:中华书局,1990:1465-1466.

⑥ 通典(卷三)[M].北京:中华书局,1986:23.

专门负责保区范围内的治安事务。①"保甲法"的推行在本质上源于治安防范的思路，可以说是前朝"连坐制度"的发展与变种，实现了兵与农的结合，为当时的基层社会培育了重要的治安辅助力量。遗憾的是，虽然"保甲法"在一定程度上提升了当时基层社会的治安水平，但庞大的治安防范成本极大增加了国家的财政负担，"保甲法"也随着王安石变法的失败而随之破产。这一历史经验教训可为当下妥善解决公私部门合作治安过程中的利益协调问题提供若干借鉴。保甲制度在清朝得到了进一步的发展，统治者确立了以地方官员监督保甲负责人开展保甲工作的基本模式，规定了有关地方官员、保甲负责人的行为以及民间告发、隐匿行为的奖惩制度。细细品味，这种在地方官方与保甲负责人之间形成的"监督与被监督"关系，基本符合当代各种"治安承包"模式中所展现出来的公私角色关系。此外，明清时期出现的专门护送押运贵重物品或货物的"镖局"行业则可以视为保安业的历史雏形。②

总体而言，在中国古代治安思想和制度的历史演变中，统治者关于治安的总体策略包括两个方面：一方面，通过从中央到地方的机构设置和官方任命，以自身的统治力量来维护社会治安；另一方面，在官方力量之外，特别是在基层社会治安的维度依靠严密组织下的民众来辅助维护社会治安。可以说，中国传统社会的治安策略和基层实践可以发掘出"治安承包"所指涉的公私合作型治安模式的古代样本，对于研究今天的"治安承包"问题有着历史意义。

2.4.2.2 中西方的碰撞："治安承包"历史基础的近代变迁

自1840年鸦片战争以来，清政府被迫改变了"闭关锁国"的政策，国内时局可谓内忧外患。外患，是指帝国主义的侵入及其带来的资本主

① 陆永.当代中国警政与现代国家成长[M].南京:江苏人民出版社,2015:27.

② 邹东升.契约治理视域的治安承包[M].北京:中国检察出版社,2009:69.

义生产方式对于中国的小农经济体制和社会治安秩序都形成了巨大的冲击；内忧，则是指清政府逐渐失去了对地方的控制能力，特别是没有足够的财力和精力顾及基层社会治安的维护，而传统的绿营、差役、保甲等基层治安力量也已腐败不堪，无法发挥原有的治安辅助功能。在此背景之下，许多能人志士开始宣扬西方先进的思想和制度。直至清末新政时期，西方现代警察制度的正式植入开始改革传统社会治安体制，但诸如"军警不分"的现象依然能够体现传统中国的诸多痕迹。可以说，近代中国经历了一个中西方思想、文化和制度碰撞（融合）的时代，而"治安承包"的近代样本显然生成于这样的时代，既学习借鉴了西方发达国家在警务改革过程中的制度经验，又难以完全脱离传统中国关于治安的基本策略。

典型的事例发生在1900年，当八国联军发动侵华战争并占领北京之后，获得了所谓"占领区"的统治权。清政府留守官员通过与列强协商，得以在"占领区"内，由北京绅董出面，招募社会人员组建临时（非官方）的治安机构——安民公所，援引外国警察管理办法，在当时极度混乱的状况下维持了基本的治安秩序。[①]可以看出，安民公所在形式上与"治安承包"的模式十分相似。当然，在那段官方治安机构缺位的时期，这一临时（非官方）的治安机构实质上行使了全面的治安权（警察权），其发挥的作用远超"辅助维持社会治安"的程度。进入民国之后，西方现代警察制度得以延续。以南京国民政府统治时期为例，国民党当局在中央和地方、城市和农村建立起了全面的警察网络，并试图改革旧有地方治安体系，强调警察要与地方治保组织展开合作，引导保甲组织有效发挥治安辅助作用。后来，南京国民政府于1932年确立了保甲制度的基本方针，"以保甲、保卫、保安寄托于警察系统之内，以警

---

① 陆永.当代中国警政与现代国家成长[M].南京:江苏人民出版社,2015:39.

察为保甲之重心，作保安团队之基干，借警察制度促进保甲，以期行政组织之完密，借警察官吏训练保安团队，以期指挥运用之敏活"①，这一方针鲜明地呈现了警察与社会治安辅助力量在治安领域中的相互关系和角色定位。

2.4.3 中国进路的重塑："治安承包"历史基础的当代生成

2.4.3.1 历史阶段之一：中国共产党成立、新中国成立以后

回顾历史，党和国家领导人始终强调"群众路线"方针政策。结合"人民公安"的理念定位，"群众路线"的方针政策在公安工作中进一步表现为"专群结合"（专门机关与广大群众相结合）的工作路线。一系列方针政策乃至实践举措说明党和国家领导人充分重视人民大众的力量，在当时即已认识到应当合理配置国家治安权力和民间治安力量。这些极具前瞻性的思路一定程度上推动了公私合作型治安模式的兴起与发展，也构成了"治安承包"在我国当代生成的历史基础和政策性基础（在某种意义上，政策性依据也可以归属于历史基础的范畴）。

关于"群众路线"的理论渊源，最早可以追溯至马克思列宁主义关于无产阶级专政的理论叙述。后来，中国共产党继承并发展了无产阶级专政理论，结合中国国情形成了中国化的马克思列宁主义理论，即人民民主专政的理论。在人民民主专政的理论框架下，凡是属于"人民"范畴的群体都是党和国家开展各项工作的过程中需要紧紧团结的群体，"一切为了群众，一切依靠群众""从群众中来，到群众中去"等工作理念和工作方法逐渐形成并得以推广。可以说，从"群众路线"的思想和基本理论，到"群众路线"是"传家宝"的传承和发展，到"三个代表"重要思想进一步发展了"群众路线"，到新世纪新阶段将群众路线

---

① 万川.中国警政史[M].北京:中华书局,2006:256.

的思想阐释为以"以人为本"为核心的科学发展观思想，再到党的十八大以来"中国梦"的理论崭新地阐释了"群众路线"。"群众路线"长期指引了党和国家从完成新民主主义革命的任务到建设社会主义的任务。尽管关于如何阐释"群众路线"的表述不断在发生新的变化，但"群众路线"一直贯穿于党的全部理论和实践之中，成为马克思主义基本原理同中国具体实际相结合的一个独创性成果。[①]事实上，党和国家历来遵循的"群众路线"的方针政策就深刻体现在长期的政法工作当中。例如，在新中国初期的司法工作中，"群众路线"就发展出司法政治性、司法人民性等理论主张[②]，因此形成的"马锡五审判方式"也成为司法人民性的典型范例。直至新时期关于司法体制改革的研究和讨论当中，"群众路线"依然是做好司法工作、推进我国司法改革的一项重要要求。[③]

同样，在公安工作当中，"人民民主专政"理论确立了公安工作的领导体制和工作机制，保证了"群众路线"得到了有效贯彻，进而形成了"人民公安"的理念和"专群结合"的工作路线，并在实践中不断践行。具体而言，我国的公安队伍主要由新中国成立前中国共产党的内部政治保卫机关和部分军队转型而来。在新中国成立以前，主要由党的政治保卫机关负责履行治安职责。在中央苏区建设初期，由于当时受到国民党的"旧警察"制度和苏联的"格伯乌"秘密警察制度的双重影响，中国共产党领导的公安工作曾经一度脱离群众，走上了所谓"警察治安"的道路。事实证明，这种脱离群众的治安思路给当时中国共产党的

---

① 田心铭.群众路线:从毛泽东到党的十八大[J].思想理论教育导刊,2013(7):22-27.

② 公丕祥.董必武司法思想述要[J].法制与社会发展,2006(1):3-9.

③ 文正邦.论司法改革与公民参与问题[J].法学,2010(3):60.

政治保卫机关及其工作造成了巨大损失。此后，党中央坚持反对脱离人民群众的"关门主义""神秘主义"①，强调公安工作与群众路线相结合的重要性。

在新中国成立之后，"人民公安"的理念和"专群结合"的工作路线继续发挥着重要的作用。为了加强各机关和单位的保安工作，机关、单位内部都设立了以安全保障为目的的内部保卫机构，同时也形成了群策群防的机关、单位和社会安全保障体系。到了20世纪60年代，浙江省诸暨县（现诸暨市）枫桥镇的干部群众在社会主义教育运动中创造了"发动和依靠群众，坚持矛盾不上交，就地解决，实现捕人少、治安好"的"枫桥经验"，毛泽东同志亲自批示推广。

"枫桥经验"推动了社会治安综合治理模式的形成与发展。虽然"枫桥经验"的内涵随着不同历史时期和发展阶段不断丰富，但其基本精神始终如一，就是"以人为本、实事求是、联系群众"。总体而言，在计划经济时代，党和国家的领导人以及公安机关的负责人已经意识到了"警力有限而民力无穷"的社会治安环境，提出了专门机关管理和依靠群众相结合的治安基本原则，以充分调动社会各方面力量解决治安问题为主要形式，形成了社会治安综合治理的基本局面。在公安机关的指导下，帮教组织、禁赌协会和治安联防组织等各类群众性治安组织积极投身于治安防范工作，对于当时我国社会良好的治安状况起到了重要作用。据统计，从20世纪50年代初期至70年代中期，我国的犯罪率一直处在相对较低的水准，人均发案率在6‰至8‰之间，最低的年份甚至低于3‰，这些数据远低于世界其他国家同期的一般水准。②

---

① 康大民.人民治安刍议[J].中国人民公安大学学报,2005（5）: 58.

② HE B S. Crime and Control in China[M]// HEILAND H G, SHELLEY L I, KATCH H. Crime and Control in Comparatives. Berlin, Boston: De Gruyter, 2012: 241-258.

2.4.3.2 历史阶段之二：改革开放以来

以20世纪七八十年代为时间节点，来到改革开放和建设社会主义市场经济时期。在这一历史阶段，大量农村人口流入城市，社会中的人财物处于高频率的流动状态，给城市社会治安带来了新的问题和挑战。为了解决社会转型和体制转轨导致的社会失序问题，强调对社会治安进行防控体系化建设的理论受到重视。[1]社会治安防控体系是指可以有效整合警力资源和一切可利用的社会治安资源，以群防群治力量为依托，以社区防范、阵地控制和单位内部防控为基础，运用多种社会治安防控手段（如人防、物防、技防），实现互相配合、信息共享、协调运行，集打击、防范、控制、管理等多种功能于一体，对社会治安实施有效控制的工作系统。[2]当然，从20世纪70年代末以来，出于应对青少年违法犯罪数量日益增多的治安局面，对社会治安问题采取综合治理的总体思路得以延续。不同的是，社会治安综合治理的内涵在社会主义市场经济时期发生了变化，市场作为资源配置基础性手段的作用得到了重视，承包方式（契约型治安治理）被引入到治安服务中，催生了一系列"治安承包"模式的产生。例如，第一家保安服务公司于1984年在深圳成立，开启了国家与市场主体通过承包方式维护特定区域治安的尝试。随着1991年中央社会综合治理委员会的设立，以社会成员为主体、以社会功能为手段的新型社会治安治理模式正式形成。这一社会治安治理模式是在建设有中国特色社会主义过程中不断总结和探索出来的，为经济改革的顺利推进奠定了社会稳定基础。[3]一言以蔽之，社会治安治理模式打破了

---

① 曹文安.论社会治安防控体系的构建[J].山东警察学院学报,2006(2):105.

② 熊一新.论社会治安防控体系建设[J].中国人民公安大学学报（社会科学版）,2004(4):1.

③ 刘锦涛,范大裕.试论推进社会治安资源整合的基本路径[J].山东警察学院学报,2013(6):113.

过去"公安治安"的单一治安格局，激发了社会力量参与社会治安治理的自主性和能动性。

总体而言，我国的治安政策经历了不同历史阶段的变迁，从最初的专门机关工作与群众路线相结合的总体思路，到20世纪八九十年代的群防群治、社会治安综合治理，再到21世纪运用社会资源维护社会治安、社区警务、社会管理创新，直至近年来推进国家治理体系和治理能力现代化背景下的社会治安治理体制机制。党和国家在社会治安领域始终强调问题导向，全面、系统、综合地治理，在充分发挥公安机关职能的基础上，强调党委政府领导下的各部门协作、社会协同、公众参与。实际上，不管是官方话语抑或是方式方法上的变化，这些政策主张和具体举措都可以用公私合作的范式来解读，因而皆可统合于"治安承包"的理论框架，构成了"治安承包"在我国当代生成并发展的历史基础。然而，尽管我国治安政策一贯以来都十分重视发挥社会民众的作用，有着公私合作的本质，但不同于理想中的"治安承包"理论框架（重塑公共部门和私人部门在社会治安领域的角色地位和相互作用），实践中主要依赖党委和政府的权威以及组织和行政机制的推动，在某种意义上可谓延续了计划经济时代以来所奉行的"权力高度集中、政府统管一切的治理色彩"①。现实的一些负面效应是，"虽然能解一时危机，却不能有效化解社会矛盾"②，出现了将综合治理异化为"维稳才是硬道理"的思想乃至行动逻辑，"为了追求眼前的功绩和利益而不计成本地投入"③，最终却形成了"越维越不稳"的样态。透过这些现实问题，可以说"治

---

① 李培林.创新社会管理是我国改革的新任务[N].人民日报,2011-02-18(7).

② 张佳俊.略论当代社会治策的战略转型[J].经济师,2012(11):8.

③ 于阳.从社会治安到社会管理：综治工作的五个转变[J].预防青少年犯罪研究,2012(11):57.

安承包"是一个更为平衡的语词，它的内核既是对我国一贯以来的治安政策的延续，又避免了过于浓厚的行政体制色彩，更有助于人们在中国进路中理解和认识我国的公共部门和私人部门在治安领域所处的不同角色地位和相互作用。

3 实践检视："治安承包"的现有模式分析

3.1 我国"治安承包"实践的考察对象

3.1.1 确定考察对象的基本思路

我国"治安承包"实践的考察对象，取决于"治安承包"的概念范畴。基于前文叙述，"治安承包"的概念与如何理解"治安"和"承包"有密切关系。就"治安"而言，通过历史、理论研究及学科建设、法律规范、国外语词等多维度综合考察，可以发现尽管其概念在漫长的历史变迁中总体上呈现出的是一个逐渐限缩的过程，但其仍然可以说是一个极具张力的概念系统。因此，在研究和使用时，既可以将"治安"概念适当扩张，从而在研究视野中容纳我国有关治安的宏观政策和各种公私合作型治安模式的微观运作的内容，又可以在必要的时候对概念适当限缩，仅仅围绕治安权（警察权）的运作及其合法性控制的框架。就"承包"而言，尽管一般的观点通常在民事合同的层面上理解"承包"过程及其合同，但这样的认识并未把握其本质内容，以至于忽视"承包"在我国法治语境中的公法价值。实际上，每一次承包过程因其必然需要订立承包协议（合同）而实质上经历了一次达成契约的过程，通过对政治哲学中的契约理论的考察,可以将"承包"还原为契约及其机制,服务于公共领域的建构等公法问题。在我国,作为契约的"承包"具有独特的生成与发展脉络,其兼具公法契约和私法契约的双重含义,体现了基于有偿的合同行为、无偿的义务履行行为和自愿行为过程中所达成的合意。尤其是当"承包"在治安领域使用时,由于一般指向"公共秩序与安全"这一公共利益而展现出公法上的契约意义。

随着"治安"与"承包"的融合,"治安"概念的限缩与扩张和"承包"概念的公法契约意义共同构筑了"治安承包"的语词。在本质上,"治安承包"指基于公法学意义上的契约理论,在治安领域所形成的公私关系以及各种公私合作型治安模式。如果更进一步将"治安承包"语词提炼为一个理论框架,那么该理论框架既可以概括直接冠以"治安承包"的实践模式,又提醒人们注意社会治安权限与任务在国家、市场、社会之间配置的其他现象,反思公共部门和私人部门在治安领域所处的角色地位和相互作用,甚至可以替代社会治安领域的"公私合作"(含"民营化""私有化""私人化""私部门化""行政私化"等不同语词),成为分析、凝炼此类现象趋势的中国本土理论话语。**总之,澄清了"治安承包"的概念范畴,方能确定我国"治安承包"实践的考察对象。**

3.1.2 考察对象的确定

3.1.2.1 典型的"治安承包"现象及其模式

过去,"治安承包"一词往往被理论界和实务界直接用以描述或概括我国各地所开展的各种对社会治安权限或任务予以承包的实践。在本书提出的"治安承包"理论框架之中,这种一般性的认知对应了一种现象描述式的概念,以致"治安承包"的研究面向相对收缩,相应的实践考察对象即是那些直接冠以"治安承包"的现象及其具体模式。本书将之概括为典型的"治安承包"现象及其模式。

从既有的研究情况来看，不少学者在考察典型的"治安承包"现象及其具体模式时，仅仅将目光投向20世纪90年代在我国发生的"治安承包"实践，特别是将所谓"治安承包第一人"的周广海案例以及后续形成的"泰安模式"视为"治安承包"实践的起点。例如，章志远在《行政任务民营化法制研究》一书中，专节分析了"饱受争议的治安承包"，他将1996年山东泰安市周广海承包下该市岱岳区下官庄村的治安的现象视为我国"治安承包"的起源。[①]又如，邓湘琳在《"治安承包"及其对公法私法二元区分的挑战》一文中也将山东泰安的"治安承包"模式确定为研究的起点。或许囿于公私合作（民营化）研究的"后发性"思维，以上观点将"治安承包"出现的时间局限于20世纪90年代，忽视了在此之前的大量素材，显然存在研究视野上的局限。不可否认，周广海承包治安的活动的确是一个具有里程碑意义的"治安承包"案例，但至多可以称之为一个阶段性的起点。邹东升其实认识到了这一点，在《契约治理视域的治安承包》一书中以"新的起点"来描述周广海的"治安承包"事件，同时也并未忽略在此之前的"治安承包"现象。[②]理解了这一点，可以避免因为人为设置时间区间，导致潜在研究样本的减少，从而突破"后发性"思维，更便于找到研究对象的本土资源。实际上，从20世纪80年代以来，我国即已出现典型的"治安承包"现象。因此，可以将此后出现的各种"治安承包"现象及其模式纳入考察对象之列。

3.1.2.2 "治安承包"理论框架下的政策与实践

根据前述提出的理论框架式的"治安承包"概念，在典型的"治安

---

① 章志远.行政任务民营化法制研究[M].北京:中国政法大学出版社,2014:21.

② 邹东升.契约治理视域的治安承包[M].北京:中国检察出版社,2009:178.

承包"现象及其具体模式之外，其他具有"治安承包"实质的公私合作型治安现象同样是"治安承包"理论框架中的重要组成部分。因此，此时的研究面向应当相对扩张，通常不需要在研究的具体语词上严格使用"治安承包"这一术语。在此基础上，我国"治安承包"实践的考察对象包括了具有"承包"这一契约本质，涉及公共部门向私人部门配置社会治安权限与任务或是通过公私合作的形式完成社会治安任务的各类现象。这些现象包括我国在治安领域出台的相关政策及开展的具体实践。

3.1.2.2.1 基于"治安承包"理论框架的治安政策

从党和政府一以贯之的"群众路线"和政法机关（公安机关）"专群结合"的总体要求，到20世纪八九十年代以来关于"社会治安综合治理"的倡议，再到近年来推进国家治理体系和治理能力现代化背景下"社会治安治理机制"和"社会治安防控体系"的构建，我国宏观治安政策的基本立场是在充分发挥公安机关职能的基础上，强调党委政府领导下的各部门协作、社会协同、公众参与。可以说，随着时间的推移，我国官方治安政策的话语发生着不断的变化和翻新。然而，无论如何变化，有一点是不变的，即是倡导充分发挥社会资源的优势，致力于调动广大社会力量参与维护社会治安秩序和安全的任务，从而有意无意地推动了公私部门在治安领域的广泛合作现象的涌现。正如有学者在国家提出社会治安综合治理的背景下对"治安承包"现象予以了反思，提出"治安承包"符合社会治安综合治理关于发动和依靠广大人民群众的理论要求，是社会治安综合治理的新形式。①这样的认识实质上是将"治安承包"理论框架的内涵与社会治安综合治理衔接起来，将社会治安作为全社会的整体任务和责任来看待，从而扭转过去仅仅把社会治安视为

---

① 黎津平."治安承包"是社会治安综合治理的一种新形式[J].新疆警察学院学报,2004(3):21.

公安机关一家的任务和职责的误区。因此，"治安承包"理论框架的内涵与我国不同时期的宏观治安政策是一脉相承的，可谓关于以往提出的"群防群治""社会治安综合治理""社会管理创新""社会治安治理机制""社会治安防控体系"等一系列宏观政策要求的理论提炼。换言之，我国一贯的治安政策都可以结合"治安承包"的理论框架展开分析，而在这些政策话语之下推行的其他相关实践也应当纳入讨论范畴。

3.1.2.2.2 基于"治安承包"理论框架的其他实践

前述已经说明，治安政策因与"治安承包"理论框架的内涵一脉相承，从而可以成为考察对象。那么，在具体贯彻落实相关治安政策的基础上，就需要全面看待在治安政策影响下出现的各种"类治安承包"的实践现象。这些实践现象都有着充分利用社会资源、发动人民群众的特征，属于公共部门向私人部门配置社会治安权限与任务或是通过公私合作的形式完成社会治安任务的范畴。具体而言，只要划定某一特定区域，无论该区域是封闭的还是开放的，区域内的民众都存在对该区域整体秩序与安全的需求，那么警察之外的主体都可能成为某种"承包"治安的力量。因此，包括公安机关等专门履行治安管理职责的行政机关的行为与活动，各级综合治理机构和各机关、团体、企事业等单位开展的维护治安的行为与活动，广大人民群众所组成的群防群治性质的治安保卫组织的行为与活动，以及各式各样的治安防范活动和警民联防活动，都可以列为我国"治安承包"实践的具体考察对象。

换言之，在当下公共治安权限与任务在公私部门之间不断发生重新配置的过程中，我国的"治安"领域经历着各种不同形式的"承包"实践。**具体来说，除各地开展的典型"治安承包"模式之外，还有保安业务、警务（侦查、情报、监控、预警）信息系统的外包、警务辅助人员制度、治安责任书、私人参与社区矫正执行、拍违举报、消防民营、警方线人、治安志愿者或付费协助者、合作戒毒、道路清障施救等多种现**

象。这些现象都可以理解为私人组织或个人对部分宽泛意义上的公共安全服务内容进行承包的活动,在本质上具有"对治安进行承包"的内涵。尽管这些领域都通过"合同"的形式进行承包,但由于涉及"治安"这一传统上的政府核心权力事项,因而需要注意与一般公共服务承包的区别,应当更加依赖于公法契约的理论来设计具体的承包规则。接下来将对上述多种形式的"治安承包"本质予以解读,从而说明将其纳入我国"治安承包"实践考察对象范围的合理性。

第一种"治安承包"形式,广泛的保安业务。现已十分普遍的保安业务就是公共部门或私人部门将某个"特定公共区域"(如市政交通、公益场所、商业场所、住宅小区)内的治安防范任务整体承包给保安公司(外部承包)或者聘用个别保安人员承担起该区域内的公共秩序维护与安全防范任务(内部承包)。事实上,保安业务(保安队伍)正是"治安承包"(承包队伍)向职业化、专业化、现代化发展的目标和方向。因此,广泛的保安业务可以成为我国"治安承包"实践的考察对象。

第二种"治安承包"形式,警务信息系统的外包。在现代社会,先进的警务信息系统对于社会秩序和公共安全的维护有目共睹,例如警察部门的情报工作和侦查活动、警察部门和其他各行业部门的一般性监控与预警工作等都需要借助先进的警务信息系统来完成。就目前而言,警务信息系统的外包存在两种承包情形:一种是将警务信息系统的建设、管理和维护部分承包给私人承包商,而保留具体的使用和操作权限;另一种是将警务信息系统的建设、管理和维护的内容和具体的使用、操作权限全部承包给私人承包商。两种警务信息系统的外包情形都可以成为我国"治安承包"实践的考察对象。

第三种"治安承包"形式,警务辅助人员制度。由于世界各国都存在警力不足的状况,聘用警务辅助人员来参与治安管理和防范是各国通行的制度实践。当然,警务辅助人员在我国的出现也有其自身逻辑,它是贯彻社会治安综合治理和社会管理创新的重要举措，是治安联防队不断发展、转型后的产物。如今，警务辅助人员已经成为我国治安领域的一个重要的治安辅助力量并且已经有了制度化的趋势，其一般由各地公安机关招录，通常签订聘用合同，其数量庞大、依附于公安机关，但不享有独立的警察权，仅仅作为行政助手出现，在具体的行政过程中负责执行一些具有辅助性、事务性、过程性的行为。之所以将警务辅助人员制度视为一种"治安承包"，一方面源于其前身治安联防队本身即是"治安承包"的产物；另一方面的原因在于公安机关在聘用警务辅助人员时，往往需要与该人员签订合同（协议），里面约定了若干权利、义务以及责任内容，鉴于该内容涉及协助公安机关人民警察完成一系列治安任务的行为，因而实际上可以理解为其因承包了若干治安辅助工作而参与到了社会治安的维护工作当中。更何况学界现在一般运用行政法上的"行政委托"①或"行政助手"②等理论来解释警务辅助人员的"权力"来源以及警务辅助人员制度的合法性基础，但无论是委托形式还是助手（协助）形式都必然存在将一定的治安事项交（承包）给私人的事实。总之，警务辅助人员制度是充分利用社会资源、化解警察编制不足的有效措施。在警务辅助人员制度运行的过程中，警务辅助人员与人民警察通力合作，协助后者完成各项治安任务，演绎了一种典型的公私合作型治安模式，因而可以成为我国"治安承包"实践的考察对象。需要注意的是，由于警务辅助人员一般接受公安机关及其人民警察直接管理和工作指导，实质上类似于公务员，因此一般属于内部承包。

---

① 金怡,丁勇.我国现代辅警制度建设探析[J].中国人民公安大学学报（社会科学版）,2015(3):108.

② 邹焕聪.辅警理论研究的悖论——从我国首部辅警地方政府规章切入[J].中国人民公安大学学报（社会科学版）,2012(6):79.

第四种"治安承包"形式,治安责任书。为了进一步弥补警力不足和官方视野有限的治安状况,负有治安职责的相关部门(以公安机关为主)习惯于主动要求与相对人签订各式各样的治安责任书(即协议),约定责任事项和奖惩事宜,要求相对人承担起其经营管理区域内的治安任务,强化其单位内部的自我防范,提升其协助维护治安的自主性和自觉性。类似的做法有助于缓解公共部门的治安压力,实现对社会治安的整体控制。实践中,典型的治安责任书有娱乐场所管理责任书、摊点治安责任书、旅店治安责任书、消防安全责任书,等等。实证观察显示,任何一份治安责任书的草拟、签订、执行以及责任追究,都出现了由公共部门将其难以有效管理或全面防范的特定经营区域的社会治安任务承包给相对人,并监督其完成相应任务的外观。在此过程中,公共部门(公安机关)主动增加相对人的治安职责,而相对人则被动成为社会治安的辅助力量,公私部门在治安领域的合作模式在客观上得以形成。事实上,早在20世纪80年代,许多学者在其论述中就将治安责任书等同于"治安承包"。以下列举一二:例如,在公安机关与集体、个体旅社之间签订的"安全承包责任制协议书",实行治安承包①;又如,由管理者与房东签订治安承包合同,再由房东与租户签订治安承包合同,从而确立治安承包合同制度的管理形式②;等等。当然,后来有学者认为,治安责任书的强制性远高于合意性,是否在本质上属于契约范畴存在疑问。但该学者并未绝对否定治安责任书的合意性,而是借助国外的"假契约"(即准契约)理论来界定治安责任书的契约属性,并且将治安责任书的签订理解为促使公共部门(公安机关)与相对人之间合理分

① 马敏艾.城郊接合部治安管理城市化问题初探[J].公安大学学报,1988(4):41.

② 许妙发.从人口流动看户籍管理体制的改革趋势[J].社会科学,1989(2):39.

配权利、义务、责任从而更有效地维护社会治安而形成的互助关系。[①]这样的论断颇具洞见，亦与本书前述提出的公私部门之间关于社会治安权限与任务的配置思路有异曲同工之处，进而都可以归入"治安承包"的理论框架之中，可以成为我国"治安承包"实践的考察对象。

第五种"治安承包"形式，治安志愿者。治安志愿者一般系指主动参与社会治安事务且不以谋求任何物质、金钱及相关利益回报为主要目的的个人或团体。在我国，治安志愿者的形成与发展有着悠久的历史，包括从新中国初期的治安保卫组织、治安联防组织到晚近的义务巡逻者、义务消防者、义务反扒者、平安志愿者等。各种不同形式的治安志愿者活动是我国社会治安综合治理等治安政策推行背景下展开的重要实践。一般而言，治安志愿者参与社会治安事务的形式有两种：一种是参与治安的活动与行为是治安志愿者完全自发的，此时治安志愿者参与维护治安的活动系单方行为，"契约"的达成基于私力救济和社会契约理论；另一种是参与治安的活动与行为首先由相关部门或机构组织招募，进而与治安志愿者达成合意或签订协议，通常会给予治安志愿者一定的补贴，此时治安志愿者参与治安的活动基于志愿者与组织者之间的双方行为，通常认为两者之间形成了合同法律关系。[②]仔细分析治安志愿者从事的相关活动，治安志愿者辅助公共部门提供了公共治安服务，与公共部门之间存在密切的联系，具有公私合作的实质。因此，可以将治安志愿者理解为在其力所能及的范围内对该范围内的社会治安任务进行"承包"的个人或团体，从而成为我国"治安承包"实践的考察对象。

第六种"治安承包"形式，公民拍违举报。面对道路治理问题的复

---

① 余凌云.行政法上的假契约现象——以警察法上各类责任书为考察对象[J].法学研究,2001(5):53.

② 左袖阳.新时期我国治安志愿者法律关系模式研究[J].中国社会科学院研究生院学报,2009(4):18.

杂性和广泛性，单凭交通警察和电子警察的管理和监控，难以完全解决道路交通的各种乱象。为了进一步维护道路交通秩序，保障道路交通安全，许多地方都出现了鼓励人民群众拍摄举报车辆违章情况，并将有关信息提交给交管部门，最后由交管部门做出是否违章、是否需要做出行政处罚的判断，这就是典型的拍违举报。有的还规定对拍违者给予适当的奖励来鼓励该活动持续进行。拍违举报者与交通协管员"贴条"类似，两者的行为都不属于作出行政处罚的行为，而是在行政过程中充当证据使用，是一种维护社会治安的辅助/协助行为。拍违举报者通过自己的拍摄行为，主动参与社会治安的维护，具备公私合作型治安的实质。随着来自人民群众的拍违举报日益增多，这些类似的措施与活动一定程度上填补了过去交通管理的漏洞，而每一次拍违举报的过程，相当于作为拍摄者的公民主动"承包"了道路交通安全防范的特定事项，符合"治安承包"的理论框架。因此，也可以将公民拍违举报纳入我国"治安承包"实践的考察对象。

除去上述详述的"治安承包"形式，实际上还有许多现象符合"治安承包"的理论框架，可以纳入其实践考察对象的范围，此处不再一一列举。围绕上述考察对象，下面将详细阐述我国"治安承包"实践的基本状况。

3.2 我国"治安承包"实践的基本状况

3.2.1 "治安承包"的发展脉络

3.2.1.1 典型的"治安承包"实践

透过基于公法范式的"治安承包"理论框架，典型的"治安承包"

实践之所以在我国兴起，源于经济领域的承包实践。

回溯20世纪80年代初，受到"家庭联产承包责任制"的启示，"承包"一词逐渐成为各个领域生产、实践活动中的热词，"承包"的各种形式也广泛被人民群众所运用。就治安领域而言，改革开放以来的经济体制变革冲击了传统的社会控制机制，当时的社会治安形势并不乐观。为了维护社会治安秩序、保障公共安全，追求"社会治安的根本好转"，全国各地都开始积极探索不同的创造性举措以改善治安状况。

自此之后，典型的"治安承包"实践在20世纪80年代的中国开始流行起来。围绕于此，许多地区都陆续开展了类似的实践。经中国法学会和四川省法学会联合调查组调研发现，从1981年开始，四川省的广汉、射洪、南部等县为了妥善解决农村治安工作中出现的新问题新情况，就已普遍建立并推广了以"以职定责、以责记分、以分计酬、逐级承包、奖惩严明"为特点的治安承包责任制。从治安承包责任制的形式上看，主要由基层自治组织（村委会和居委会）以及县级以下各个政府机构与村民或居民签订书面合同；从治安承包责任制的内容上看，合同的内容主要包括社会治安综合治理中的各项任务和具体工作安排，并且针对不同村民或居民规定了不同的权利、义务和责任，以及奖惩条款。在治安承包的过程中，公、检、法、司等政法机关及其工作人员对治安承包责任制负有指导和监督的职责。[1]几乎在同一时期，东南沿海的南靖、漳浦、平和、东山等区县所辖的农村地区，也自发地开展了"治安承包"活动，具体化了当时中央关于"综合治理"的社会治安方针。[2]

在其他行政管理领域，由于牵涉到该领域的治安问题，也出现了大

---

① 中国法学会、四川省法学会联合调查组.关于四川省广汉、射洪、南部三县实行社会治安综合治理的调查报告[J].中国法学,1985(1):45.

② 肖剑鸣.论经济因素在罪因系统中的地位[J].青年研究,1985(5):59.

量的"治安承包"实践。例如，湖南省安乡县为了提升渔政管理能力、维护渔业生产秩序和安全、提高渔业经济效益，于1985年2月由乡政府组织成立了渔业治安承包小组（小组成员包括乡政府负责人、乡派出所干警、乡水产站渔政员、乡办渔场负责人及各村治保委员），该小组与乡内所有的渔场和养鱼户签订治安承包合同，重点打击、及时处理影响渔政管理和破坏渔业治安的各类案件，取得了明显的效果。①在铁路运输领域，也开始推行岗位责任制度，即以行政领导（列车长）负责制为前提，要求列车乘务人员采取"承包车厢""专包重点部位、重要财物"等形式，落实各项治安承包任务。②此外，在校园治安防范领域，也有着"治安承包"的实践。例如，自20世纪80年代"严打"之后，中国农业大学的校园内部开始设立派出所。与此同时，逐步充实校卫队，形成了以派出所警察为治安主力、以校园保卫队为辅助力量的治安管理和防范相结合的新格局，使得校园内部治安形势大为好转。其中，校园护卫队自行设计研发了监控报警系统，设置治安岗亭，建立值班检查制度，培训校卫队队员掌握各种技能，有效发挥了治安辅助作用。③

　　虽然典型的"治安承包"最初起源于农村的治安实践探索，但其实践范围很快超越了农村地区，在城市范围内得到迅速推广。以上海为例，自1989年以来，为响应中央关于"大治安由国家负责，小治安由地方和单位负责"的号召（需要注意的是，此处的大治安和小治安与前述对"治安"概念的界定不同，以宏观治安任务和微观治安任务予以区分理解较为合理），上海市各区县、各部门都将治安保卫责任制视为社会

---

① 欧燎原.安造乡实行渔业治安承包两年鱼产量翻两番[J].湖南水产,1987(6):32.

② 刘士文.新形势下旅客列车的治安管理[J].公安大学学报,1987(3):16.

③ 李化钧.自力更生开创治安防范新局面[J].公安大学学报,1987(4):44-46.

治安综合治理的一项重要的具体措施。治安保卫责任制系指治安目标责任制或治安承包责任制，主要形式依然是由党政部门与相关治安责任人员签订治安承包协议。①最初，该制度从党政部门内部的领导干部和工作人员周围开始施行，后推广至居委会、村委会以及各工厂、企业、事业单位的领导干部和工作人员。随着制度的推行，从干部到群众，所有治安承包协议的签订主体的积极性都得到了调动，对当时社会治安的稳定局面起到了不可或缺的辅助作用。此外，当时上海各行各业的单位内部不断加强内保工作，也出现了"治安承包"的尝试。例如，上海市第一百货公司于1985年起在该商店内部推行"三级经营承包责任制"，即将商店范围内的所有治安任务进行三级承包，由商店与各部门签订治安承包协议，明确规定各部门及其负责人的权利义务以及相应的治安责任和奖励机制。②上海市第一百货公司探索推行的"三级经营承包责任制"运行良好，不仅有效完成了企业内部治安综合治理的任务，而且多次荣获"治安先进单位"称号，对于实现社会治安综合治理的目标起到了补充作用。除此之外，特别是银行、信用社等单位也特别注重实行治安承包责任制，以维护本单位内部的管理和经营安全有序。

进入90年代，典型的"治安承包"实践开始进入新的阶段。由于在此之前，"治安承包责任制"已经在社会各行各业广泛推行，这个时期的一些颇为引人注目的"治安承包"实践案例开始被学界和社会民众冠以"××模式"来概括。例如，1996年，山东省泰安市退伍军人周某以每年10800元的价格承包下该市下官村的治安，被誉为中国"治安承

① 程璞.上海社会治安综合治理十年谈[J].上海大学学报（社会科学版），1991(2):74.

② 赵建琼.确定治安目标 落实治安措施——谈大型百货商店内部治安综合治理目标实施的措施[J].社会,1990(12):1-3.

包"第一人。①此后,山东省泰安市全面推行基层治安防范承包责任制,取得了积极成效。根据当时的报道,"承包是农村和企业经济改革中实行的一种经济运营方式,山东省泰安市公安机关将其运用到基层治安防范工作中,全市出现了可防性案件明显下降,人民群众和各级党委、政府满意的良好局面"②。2002年4月22日至23日,全国社会治安综合治理工作会议在上海举行,泰安市在会上介绍了治安防范有偿承包责任制的经验做法,"泰安模式"得到了正式确立。

除此之外,河南省方城县于1999年由地方政法工作委员会、社会治安综合治理委员会或其他治安领导单位与治安承包人正式签订有关承包合同,在政法委和综治委的统一领导下,开始探索以治安有偿承包的方式来替代过去义务巡逻打更的做法;③2002年11月,南京市溧水县(今南京市溧水区,下同)所属82个行政村一共招用了166名专职巡防员,以村为单位进行人员分配,在辖区内采取24小时分班制,不间断地维护区域治安;等等。在2002年至2003年前后,温州市瓯海区、嘉兴市嘉善县、杭州市下城区、宁波市鄞州区等多地的"治安承包"实践相继出现,进而基于各地区的特殊性而又形成了"温州瓯海模式""嘉兴嘉善模式""杭州下城模式""宁波鄞州模式",等等。以上诸多模式将在下文的类型化分析中予以详述。另外,各地关于"治安承包"的绩效考核和报酬机制的设计较为统一,主要存在两种方式:一种是在治安承包协

① 孟凡铭,吴业楠.浅议治安承包[C]//郭太生.治安学论丛(第3卷).北京:中国人民公安大学出版社,2006:494-501.

② 山东泰安市实行基层治安防范承包责任制[EB/OL].(2001-01-02)[2022-01-20].https://news.sina.com.cn/c/164549.html.

③ 李均德.社会治安能承包吗? ——方城县推行治安承包合同制引发争议[EB/OL].(2003-05-20)[2016-11-01].http://hnfy.chinacourt.org/article/detail/2003/05/id/674852.shtml.

议（合同）中直接明确约定承包的内容及其对应款项；另一种不是直接约定承包的内容及其对应款项，而是将承包方的工作业绩与其报酬直接挂钩，最后通过弹性的奖惩制度来实现报酬的灵活支付。后一种方式几乎是对政府部门"指标考核制度"的效仿，以浙江省温州市瓯海区南堡村《关于治安巡逻承包责任制实施方案》为例，其中就分别针对治安承包人员抓获违法犯罪嫌疑人员的数量、查获违法案件的数量、罚没款的数额、遣送三无人员的数量等内容规定了相应的奖励金额。

总体而言，典型"治安承包"的实践模式之间既有共性又有个性，可以根据承包主体（包括发包方和承包方）、承包的内容和范围、政府部门（公安机关等）在承包中的角色地位和功能作用、经费来源等不同标准予以分析。它们的共同之处主要有四个方面：一是充分发挥了市场和社会力量参与维护社会治安的作用；二是在一定程度上将竞争机制引入了公共安全的服务领域；三是治安承包方的经费一般由特定治安承包区域的受益者来负担；四是公共部门（公安机关）通常是实行治安承包的主要推动者。不同模式之间的区别则体现在几个方面：一是治安承包的具体内容存在差异性，有的是治安防范承包，有的则是治安管理承包；二是治安承包的主体（发包方与承包方）多样化，发包方包括公安机关、街道综合治理委员会、物业管理公司、村民委员会等，承包方则有警察、物业管理公司、村民、居民个人等；三是公共部门（公安机关）在治安承包中所起的角色作用不同，有的作为监督协议履行的居间者，有的作为考核方参与日常监督管理。①

3.2.1.2 其他"治安承包"模式的实践

不同类型的实践现象皆因具有"对治安进行承包"的本质而可以归

---

① 邱煜.治安承包的理论与实践[J].中国人民公安大学（社会科学版）,2003(5):112.

类为"治安承包"的其他实践模式。以下将主要梳理保安行业、警务辅助人员制度、治安志愿者制度以及公民拍违举报等近年来颇为引人注目的若干实践模式的发展状况。

3.2.1.2.1 保安服务行业及其发展状况

作为"治安承包"的一种职业化、专业化、现代化模式,保安服务行业的形成本质上源于公共部门将部分区域内的社会治安任务承包给作为市场主体的保安公司的活动。保安服务的类型主要有外包和内保两种形式,前者系将保安任务整体外包给保安公司;后者则是以聘用保安或建立隶属于本单位的保安队伍的方式承担保安任务。从1984年12月国内第一家保安服务公司在深圳蛇口工业区成立,到1985年全国政法工作会议文件中关于在"大中城市创办一个在公安机关直接领导下的保安服务公司"的倡议,再到1988年公安部报请国务院批准的《公安部关于组建保安服务公司的报告》中将保安组织明确表述为"保安服务公司",我国的保安服务行业经历过近30年的探索与发展,已经成为协助我国公安机关维护社会治安、预防违法犯罪的一支重要治安辅助力量。[1]期间,于2010年1月1日开始实施的《保安服务管理条例》以行政法规的形式规定了我国保安服务行业的基本规则,是目前该领域最高位阶的规范性文件,具有里程碑式的意义。有学者调查了北京、上海、广州三地的保安服务行业运行状况,据该学者当时的统计,北京现有保安服务公司120多家,从业人员数量接近20万人;上海现有保安服务公司140多家,从业人员数量接近23万人;广州现有保安服务公司140多家,从业人员数量接近42万人。[2]当然,保安服务行业的快速发展伴随着一些显

---

① 王瑞山.安全管理与私人保安[M].上海:上海人民出版社,2014:50.

② 李卫海.我国安保业转型的法学思考——美国私人安保警察化的启示[J].政法论坛,2015(3):155.

著的问题。一是由于多数保安服务公司往往隶属于公安机关，市场化水平较低，缺乏市场竞争意识，保安服务的质量不高；二是由于引导、监督保安服务行业的规制机制尚未健全，广阔的市场导致出现了大量非正规的保安组织，这些组织管理混乱、安保能力不足，甚至与黑恶势力勾结，存在较高的法律风险；三是由于保安服务行业的职业化水平不高、专业性不强以及社会上对保安服务行业及其保安人员的歧视，导致保安服务行业的从业人员队伍结构不合理，几乎以低学历、低素质的外来务工人员或是年龄较大的本地待业、退休人员为主，行业内部缺乏认同感，队伍缺乏凝聚力和稳定性，再加上缺少必要的职业技能培训，保安能力明显不足，有的甚至只能停留在"装装样子"的层面。

3.2.1.2.2 警务辅助人员制度及其发展状况

20世纪70年代末80年代初，由"治安承包"所延伸出的治安联防队的实践可以说是我国警务辅助人员制度的滥觞。治安联防队在当时社会治安综合治理的背景下产生，是我国治安思路从大规模的群众动员式向专门机关工作与群众路线相结合的模式逐渐转型的结果，其在性质上属于群防群治组织（群众性自治组织），形式上受到公安机关的指导（直接领导），功能上可以协助公安机关完成维护社会治安的各项任务。[①]以江苏省为例，当时该省的专业联防队员有近万人，相当于全省公安干警总数的1/3，1989年抓获各类违法犯罪人员近2万人，破获各类刑事案件近5000起，有效地防范和控制了全市公共场所地区的治安秩序。[②]在某种意义上说，治安联防队伍的建立和发展促使社会力量参与治安防范的工作步入了职业化的新台阶。

---

① 吕德文.综合治理视角下的治安联防制度变革[J].中共宁波市委党校学报，2016(6):3.

② 雷明源.论防范[J].公安大学学报,1990(2):23.

然而，在长期的发展过程中，治安联防队的弊端日益凸显，反而给社会治安带来了负面影响。面对这一局面，自2000年以来，以公安部为代表的治安相关部门出台了一系列政策文件，要求各地公安机关严格清理整顿辖区内的执法队伍，一律停止非警察人员从事公安行政执法任务。自此之后，治安联防队的运行空间逐渐限缩乃至被严格限制，直到替代性产物——警务辅助人员制度的出现。现代警务辅助人员制度是一个世界性的制度，就我国而言，警务辅助人员主要由地方政府、社会治安综合治理部门、公安机关组织招录，并由上述部门与录用人员签订劳动合同。与治安联防队的组织结构不同，警务辅助人员除了不具有警察（公务员）编制身份之外，通常隶属于公安机关，组织上受公安机关的直接管理，其工作内容主要就是协助公安机关及其人民警察完成各项专门的警务（治安）活动，最终的后果由公安机关承担。可以说，警务辅助人员制度的推行架构了治安领域的公私合作关系，是对社会治安权限与任务的重新配置，应当超越仅仅将公安机关与警务辅助人员签订的劳动合同视为民事劳动合同的传统思维，进而将其上升至治安承包协议的本质，即公安机关通过合同（协议）的形式将部分社会治安任务承包给私人，承包的内容排除了具有强制性、决定性的警察事项，而作为承包方的私人得以在人民警察的指导下协助公安机关完成相关任务，也可以在某些情况下独立地完成一些事务性、辅助性、过程性的事项。晚近10年，由于警力不足和社会治安形势的双重压力，警务辅助人员成为公安机关及其人民警察维护社会治安的重要辅助力量。以江苏省为例，据统计，截至2012年5月，江苏省的警务辅助人员数量已经高达15.7万人，是正式人民警察数量的1.7倍，而且数量正在不断攀升。①

---

① 熊一新. 警务改革背景下我国警务辅助力量建设[J]. 中国人民公安大学学报（社会科学版）,2014(4):5.

警务辅助人员的实践发展也带来了相应问题，如警务辅助人员的称谓混乱、法律地位不明、"权力"范围与界限模糊、责任缺失或与公安机关之间的责任分配不清、工资待遇较低以及缺少职业保障，等等。特别是近两年，关于警务辅助人员制度化、规范化、法治化的呼声愈来愈高。在此背景下，国务院办公厅于2016年11月印发了《关于规范公安机关警务辅助人员管理工作的意见》，从管理体制、岗位设置、人员招聘、管理监督、职业保障等方面对警务辅助人员制度进行了规范化构建，在回应上述若干问题的同时为警务辅助人员队伍的建设和管理、警务辅助人员制度的改革和发展明确了基本方位。在此框架之下，全国各地也都陆续开始探索地方警务辅助人员制度的具体完善路径，推动相应的地方立法工作。一个明显的动向是，在多地有关警务辅助人员制度的改革规定中，都有将警务辅助人员的待遇列入财政预算，规定职务级别、序列以及向正式警察编制转化的途径。例如，山东省人民政府办公室印发了《山东省公安机关警务辅助人员管理办法》《山东省公安机关辅警招聘工作实施细则》等一系列规范性文件，《山东省公安机关警务辅助人员条例》也在制定当中。客观地说，这些制度化、规范化的尝试固然有助于提升警务辅助人员待遇，更好地发挥其治安辅助作用，但这种试图将全部治安辅助力量重新纳入公共部门管理的努力，是否又回到了"治安承包"产生的根源性问题——编制、财政与警力之间的原始张力和传统管理体制的困境，还有待继续观察。

3.2.1.2.3 治安志愿者制度及其发展状况

治安志愿者制度在我国有比较长的历史，新中国成立初期建立的治安保卫委员会是新中国历史上最早的治安志愿者组织。改革开放以来，各类治安志愿者组织日益增多，出现了义务巡逻队、义务消防队、义务反扒队、平安志愿队等多种形式的治安志愿组织。除此之外，还有大量的治安志愿者以反扒志愿者、义务巡逻人员、邻里守望人员等个人身份从事治安志愿活动。治安志愿者的活动得到了政府的支持和鼓励，2003年，公安部、共青团中央发布《关于在全国实施"维护社会治安志愿者筑城行动"的方案》的通知，要求发展志愿服务事业，提出社会治安志愿者应在公安民警的直接带领或具体指导下，依托社区基层组织和单位，以治安巡逻和看楼护院、邻里守望、法制宣传等为主要方式，参加维护社会治安秩序的活动。以北京市为例，在治安志愿者制度的长期发展中，出现了诸如"西城大妈""朝阳群众""海淀网友""丰台劝导队"等典型的治安志愿者群体。有学者基于对前奥运时期到后奥运时期的治安志愿者实践的研究，提出我国治安志愿者法律关系模式最初主要采用了行政指导型，在奥运期间则引入了合同关系型。他进而认为，治安志愿者法律关系模式的选择应采用复合型法律关系模式，在行政主体与志愿者协会之间建立行政指导关系，在志愿者协会与治安志愿者之间建立合同法律关系。①

笔者认为，治安志愿者可以分为两种模式，一种是纯粹自愿性质的，不存在公共部门与治安志愿者之间的任何明示或默示协议，该模式系以公共部门在治安志愿者自愿履行治安辅助任务的基础上形成的，志愿者的治安辅助权来自公法上的政治"契约"，其本质上是在国家难以全面、有效保障公民自由与安全的情况下，由公民个体（很多个体）"收回"部分让渡的权力，从而自己承担能力范围之内的治安任务；另一种是由公共部门与治安志愿者之间存在口头或形式上的协议，将一定区域内的治安任务部分承包给治安志愿者，约定了治安志愿者参与辅助维护治安的权利、义务、责任以及一定的报酬奖励，该模式虽然在形式上属于合同性质，但由于合同指向的是社会治安这一公共物品，也应当

---

① 左袖阳.治安志愿者法律关系模式研究[J].中国人民公安大学学报（社会科学版）,2009(3):51.

在公法的理论框架下思考关于社会治安的公私合作问题。此外，近年来在道路交通安全管理领域出现的鼓励"群众拍违举报"的实践与治安志愿者有些类似，也可以运用前述两种类型予以区分，一种是纯粹自愿性质的，拍违举报是基于个体对交通秩序的维护意愿；另一种是基于"拍违有奖"等"举报—奖励"制度的利益驱动，在这种情况下，举报者虽然没有维护治安的直接目的，但公共部门（警察部门）根据举报者的行为支付奖励的制度实际上承认了举报者的私人执法行为，构成了公共治安的有效补充。①当然，与治安志愿者的组织化程度不同，类似的"举报—奖励"制度意在鼓励一些非组织化的、碎片化的群体参与到社会治安的辅助维护活动当中。

总之，无论是纯粹自愿的义务志愿者或其他个体，还是基于治安承包协议，抑或是受到利益驱动的个体或群体，都可以发现国家和政府（公共部门）试图通过主动或默许私人部门的治安行为来达到辅助社会治安维护的效果。在此过程中，国家和政府将部分可以交由私人部门完成的治安任务"承包"（有偿或无偿）给私人部门，促使公私部门之间就社会治安权限和任务进行了重新配置。当然，也许有人会质疑，治安志愿者基于自愿行为参与社会治安的形式能否纳入"治安承包"的范畴？事实上，除了社会契约理论的支撑，在我国福利民营化的研究领域，由于符合国家、社会和私人共同承担责任的理论框架，家庭和私人慈善机构进行的自助服务或自愿服务也被认可为民营化的一个重要方式。②这样的理论分析逻辑与笔者将治安志愿者的活动纳入"治安承包"的理论框架十分相似。

---

① LANDES W M, POSNER R A. The Private Enforcement of Law[J]. Journal of Legal Studies, 1975(4): 1.

② 胡敏洁.以私法形式完成行政任务[J].政法论坛,2005(6):174.

3.2.2 "治安承包"的运行效果

由于典型的"治安承包"实践模式和"治安承包"的其他实践模式都可以统合到"治安承包"的理论框架之下，因而可以一并研究"治安承包"的运行效果。自20世纪80年代以来，"治安承包"的推行产生了诸多积极效果。有学者对于当时推行治安承包责任制的宏观效果予以了详细说明：治安承包责任制由于内容明确，使社会治安综合治理的宏观举措在基层实践中落实并细化；治安承包责任制充分利用了社会上有助于治安维护的各种力量，使社会治安综合治理有了组织上的保证；治安承包责任制加强了专门机关工作与群众的联系，使公安机关在工作中收获了有力的助手，加强了公安机关及全社会的治安问题化解能力。总之，治安承包责任制的推行使得转型社会中的社会治安问题得以缓解，有效降低了违法犯罪的数量，实现了较好的社会效果。[1]随着时间的推移，观察各地在推行"治安承包"前后治安状况所发生的变化，可以发现"治安承包"各种模式的实践的确给社会治安带来了诸多裨益。

以下简单介绍若干地区推行"治安承包"的实际效果。

在20世纪80年代中期，昆明市官渡区派出所通过与旅社签订"安全承包责任制协议书"的办法，实行"治安承包"。事实证明，"治安承包"既调动了店主的积极性，又有效地加强了安全防范工作。数据显示，1985年，在官渡区联盟派出所辖区内的59家旅社中，一共发生各类案件14起。然而，在1986年实行"治安承包"后仅发生1起案件。[2]到了20世纪90年代，以山东省泰安市为代表的各地区也都开展了"治安

---

[1] 胡叙明.推行治安承包责任制 促进综合治理措施落实[J].中国法学,1986(3):45-46.

[2] 马敏艾.城郊接合部治安管理城市化初探[J].公安大学学报,1988(4):41.

承包"的实践，泰安市实行"治安承包"不到一年，就抓获违法犯罪嫌疑人1671名，防止了1155起案件和180起治安灾害事故的发生。许多地区在学习借鉴"泰安模式"之后，都在短时间内取得了丰硕的社会经济效果。例如，在2000年前后，河南省南阳市方城县违法犯罪的案件发案率急剧上升，其中治安环境最恶劣的当属该县小史店镇。面对较为严峻的社会治安形势，该县于2001年从小史店镇开始了"治安承包"的试验，将镇上21个村的治安防范任务承包给当地的治安积极分子。在实行"治安承包"后，当年小史店镇刑事案件发案率比上年下降60%，成为全县治安状况最好的乡镇之一。

2002年9月5日，浙江省温州市瓯海区梧埏镇南堡村和新桥镇中心住宅区的两位居民分别同南堡村村委会和新桥镇中心住宅区物业管理公司签订合同，承包了南堡村和新桥镇中心住宅区一、二、三组的治安巡防工作，经过四个月的实践，两地的发案数同比下降了50%和74%，取得了比较满意的承包效果。

2002年8月，浙江省嘉兴市嘉善县魏塘镇派出所推行"治安防范组合承包"的治安承包模式，将街区的治安防范责任落实到作为承包人的民警身上，由该民警自己挑选保安队员，并根据发案的情况，决定民警、保安队员的经济收入，承包协议签署后8—10个月，承包区街面共发生刑事案件比前三个月下降69.1%，比上年同期下降66%，店主和顾客对当地治安的满意率达到96%，也取得了较好的承包效果。[①]

天津市宝坻区则从2003年3月开始，对辖区内经济条件较好，但治安形势相对复杂的自然村实行"治安承包"，经过一年时间，大约有76%的自然村的刑事案件发案率几乎清零。同样，江苏省南京市溧水县

---

① 郑孟望.关于治安承包合法性的理性分析[J].湖北警官学院学报,2009(1):76.

实行"治安承包"后一年，全县刑事案件下降了接近10%，治安案件下降52%，使得该县从过去的南京市重点治安整治单位转变为全市社会治安综合治理先进单位。①

近年来，湖北省襄阳市襄州区为了缓解农村警力不足的局面，改善农村治安状况，在该区146个行政村试点推行治安承包责任制。具体规定是：划定区域，明确治安承包人，签订合同书；由承包人负责选聘人员，组织巡防。政府依据巡防情况、群众满意度、可防性案件量等内容，进行百分制考评。与单纯的行政考核不同，试点村的治安责任与工作人员的经济利益直接关联。按照人口规模不同，每年考评奖补各村1万元至2万元不等；对破获重大案件、抓获重要逃犯或避免重大治安事故的，给予200元至5000元不等的奖励。奖励由襄州区财政拨款，治安奖励直接拨付到村、到人。2015年，根据该区综治办公布的数据，农村治安承包责任制试行一年来，全区农村"两抢一盗"案件发案1026起，同比下降了32.73%，治安承包责任制起到了良好的效果。②又如，中国江苏网报道的《南京市政法委推广社区治安承包责任制》，等等。可以发现，在（官方）媒体的口中，通常对"治安承包"的试验持肯定态度，承认其对社会治安起到的积极效果，将之视为一种对传统管理体制的创新举措。

"治安承包"运行至今，可以说是成果斐然。它是我国以社会治安综合治理为代表的宏观治安政策在实践中的具体阐述，在我国的长期实践取得了较好的社会效果和经济效果。许多地区在实行"治安承包"之后，治安状况很快就有了显著改观，人民群众的生命财产安全得到了更为全面的保障。假以时日，再予以制度化、规范化、法治化的提升，则

---

① 黎津平."治安承包"是社会治安综合治理的一种新形式[J].新疆警察学院学报,2004(3):22-23.

② 夏永辉,等.襄州试行农村治安"承包制"[N].湖北日报,2015-02-11(13).

将能够为我国所有的合作型治安模式提供理论依据和实践指引，接下来，将对我国"治安承包"的实践模式进行类型化的分析。

3.3 "治安承包"实践模式的类型化分析

鉴于前述已经对保安服务行业、警务辅助人员制度、治安志愿者制度等属于"治安承包"理论框架下的其他实践模式进行了梳理，加之典型的"治安承包"模式较前三者在实践中更多地呈现出多样性的特征，因此，以下将侧重于对典型"治安承包"实践模式的类型化分析。

3.3.1 20世纪80年代的"治安承包"类型

3.3.1.1 以不同的承包领域（区域）为分类标准

根据"治安承包"所在领域（区域）的不同，"治安承包"在农村、城镇、工厂形成了三种不同类型。第一种，结合农村分散居住和生产的特点，在农村地区实行专门承包制，即由专人集中从事治安保卫工作；第二种，在城镇实行片区承包制，即由公安派出所、街道办事处、居委会牵头，片区内的机关、企事业等众多单位参加，多方提供人力、财力、物力，共同维护所在片区内的治安秩序与安全；第三种，在机关、企事业单位内部实现逐层承包制，即逐级承包各自部门内部管理范围内的治安保卫工作。

3.3.1.2 以不同的承包主体为分类标准

以不同的承包主体为分类标准，"治安承包"在农村和城市的不同主体之间形成了不同的类型。在农村地区分为三种类型：第一种，乡镇村队干部、治保人员逐级签订承包合同，实行全面承包；第二种，乡镇企业、基层商业网点同派出所签订承包合同；第三种，由乡镇村队干部、治保人员组织农户轮流值班，按夜（天）承包。在城市地区也大致有三种类型：第一种，居委会、治保会干部集体向街道办事处、派出所承包；第二种，居委会、治保会干部和选择的治安承包人员一起，向街道办事处、派出所承包；第三种，治安联防人员向居委会、治保会承包。城市沿街的商业网点，则由派出所组织的治安联防队承包。①

3.3.1.3　以不同的组织形式为分类标准

以不同的组织形式为分类标准，"治安承包"可以划分为四种类型：第一种，由治保会组织承包，或者由保卫科承包；第二种，以治保会为主体，再吸收其他人员组成治安承包队，即两块牌子、一套人马；第三种，脱离治保会，另行招募人员成立治安承包队；第四种，直接成立保安服务公司，招募保安服务行业从业人员，以公司形式承包雇佣单位的治安任务或派个别人员到雇佣单位承包治安保卫工作。②

3.3.2　20世纪90年代以来的"治安承包"类型

自20世纪90年代至今，各地开展的"治安承包"实践常常被理论和实务界冠名为"××模式"。面对各地不同的做法或"××模式"，简单延用20世纪80年代的承包领域（区域）、主体和组织形式的分类标准难以实现进一步的精细化研究。对此，可以根据法律依据（是否有法律依据）、承包主体（包括发包方和承包方：承包方内部人员如何选拔）、承包的内容和范围（治安防范承包和治安管理承包）、承包协议的性质（民事合同与行政合同）、政府部门（公安机关等）在承包中

---

① 胡叙明.推行治安承包责任制 促进综合治理措施落实[J].中国法学,1986(3):44–45.

② 周锋.湛江市治安承包责任制探索[J].公安大学学报,1987(2):19.

的角色地位和起到的不同作用、经费来源等界定标准来进行类型化分析，以研究不同模式之间的共性与个性。表3.1以地域模式、发包方、承包方、承包内容、经费来源、公共部门的角色、实行效果为主要标准对各个地域模式进行比较分析。

表3.1 "治安承包"的地域模式

序号	地域模式	发包方	承包方	承包内容	经费来源	公共部门的角色	效果
1	山东省泰安市——"泰安模式"	村（居）委会、综治委、企事业单位等基层（社区)组织	组织或个人	治安防范工作	发包方与受益群众共同承担	市委、市政府负责推广，公安机关负责业务指导和监督	全市刑事立案下降15%,实行治安承包的单位可防控性案件下降50%
2	浙江省温州市瓯海区	村委会、住宅区物业管理公司	若干个人	治安防范工作	村委会和物业管理公司	与"泰安模式"类似	实行治安承包后,瓯海区刑事案件发案数显著下降,如2005年5月至12月期间,该区新桥镇中心住宅区11个组团的刑事案件发案数同比下降了45.7%
3	陕西省西安市未央区	村委会等基层组织	若干个人	治安防范工作	受益群体	与"泰安模式"类似	未央区公众满意率和公众安全感名列城六区之首,荣获西安市社会治安综合治理"安全区"荣誉称号

序号	地域模式	发包方	承包方	承包内容	经费来源	公共部门的角色	效果
4	浙江省嘉兴市嘉善县——"嘉兴模式"或"内部人模式"	公安机关	人民警察（在承包之后再由人民警察挑选保安队员）	治安防范和管理工作	受益群体	公安机关兼具发包方和考核方的双重身份，对治安承包的全过程负有组织、指导、监督、考核的作用	承包后8—10个月，承包区域刑事案件数量比上年同期下降66%，民众对当地治安的满意率达到96%
5	浙江省宁波市鄞州区"宁波模式"	村委会	治安承包人（组织或个人）可以自行组织人员，但被组织人员素质须经派出所审核	治安防范工作和部分不具有国家强制力的治安管理事项	发包方（村委会）	镇综治办和镇派出所牵头，公安机关（派出所）负责审核承包方的资格并对其考核	宁波市鄞州区五乡镇明伦村推行治安承包后，该村一年的发案率比上年下降了41%，年终民意测评结果满意率达到了96%
6	河南省南阳市方城县	地方政法委、综治委或其他治安领导单位	组织或个人，如保安公司或保卫科、若干个人、专职治安队或治安联防队等	治安防范工作	发包方与受益群众共同承担	政法委和综治委统一领导	率先试点的小史店镇刑事案件发案率比上年同期下降60%，从该县治安最差的乡镇转变为治安最好的乡镇之一

续表

序号	地域模式	发包方	承包方	承包内容	经费来源	公共部门的角色	效果
7	浙江省杭州市下城区	街道综合治理办公室	物业管理公司	治安防范工作（路面巡逻，防控路面抢劫、抢夺、诈骗及沿街商店拎包等案件的发生，努力抓获违法犯罪嫌疑人）	街道与受益人（沿街商铺店家）共同出资	派出所与街道综治办牵头，派出所负责对承包方的治安巡逻工作进行指导、督促和检查，对承包路段的刑事发案情况实行季度性考核	
8	湖南省邵阳市邵东县	综治委	专业化的保安公司	治安防范工作（22点至次日6点的治安巡逻任务）	县政府出资	发包方按照承包协议条款内容进行监督	运行两个月后，两抢一盗可防性案件下降了25.3%

　　观察以上不同地域的"治安承包"实践情况，可以发现"治安承包"在我国的发展呈现出多样化的特征。就承包的主体而言，发包方囊括了地方政府、政法委、综治办、公安机关等党政部门和村（居）委会、综治委、企事业单位等基层（社区）组织，承包方包括了公安机关内部的人民警察、外部的村（居）民个人以及物业管理公司、保安服务公司等市场组织；承包的内容则具有相对稳定性，各地主要围绕治安防范工作进行承包，但也有一些地区涉及了部分治安管理的事项；经费来

源主要以公共部门和治安受益群体共同出资相结合的方式，不同地区在两种经费来源的具体比例上有所不同；公共部门的角色也比较类似，通过由地方党政领导部门发起治安承包的倡议，再由具体的治安部门（公安机关、综治办）开展承包工作，进而由治安主管部门负责治安承包方的筛选，治安承包方接受治安主管部门的指导、监督与考核。

基于此，可以知晓目前理论界和实务界习惯于使用"××地域模式"来概括"治安承包"的实践类型的分类方式系基于对"治安承包"的承包主体和承包内容的划分。具体而言，第一种类型是以"泰安模式"为代表，以及温州市瓯海区、西安市未央区等地基层社区组织作为发包方将治安防范工作承包给若干组织或个人，承包费用由发包方或受益群众承担的"治安承包"模式。第二种类型以"嘉兴模式"或"内部人模式"为代表，以及浙江省温州市鹿城区警方推行的"警察治安承包责任制"、黑龙江省大庆市萨尔图区警方在属地管理原则下推行的"治安责任承包制"、江苏省南京市秦淮区警方推行的"巡区治安工作责任承包"等为样本，是由公安机关将辖区内的治安防范工作承包给其单位内部的人民警察，再由人民警察募集保安人员的模式。由于人民警察享有治安管理权限，该模式实际上又包含了治安管理承包的内容，因而兼具治安防范和管理的双重内容。第三种类型是以"宁波模式"为代表，是由村委会将治安防范工作和部分不具有国家强制力的治安管理事项承包给组织或个人。"宁波模式"与"嘉兴模式"虽然都涉及治安防范和管理的承包内容，但主要区别在于前者的承包方必须是公安机关人民警察之外的组织或个人。

另外需要注意的是，关于治安承包方的筛选和治安承包协议的签订、履行以及监督与考核，除了涉及的主体不同，各地都有着较为相似的做法。

就前者而言，各地对于治安承包方的筛选方式都有设计严格的程序机制。例如，南京市溧水县在实行"治安承包"的过程中，对如何选拔承包人较为审慎，主要分为四个步骤。第一步，由村（居）委会推荐若干身体健康、品行端正、自愿从事治安保卫且有一定治安保卫工作经验的人选；第二步，上述人选要接受当地群众的民主测评，经得起群众的考验；第三步，参与治安承包的个人还必须通过乡镇党政组织考评方能录用；第四步，参与治安承包的个人在录用之后须经过培训考核合格后方能上岗。通过这样的筛选程序和选拔机制，实际上是要求所有承包治安保卫工作的个人都具备相应的职业道德修养和业务素质，将履行承包任务的活动真正转化为一种职业行为。

无独有偶，河南省方城县针对以往保安人员参差不齐，人员结构不佳，甚至时常混入一些社会闲散人员，导致治安承包队伍的治安保卫能力低下甚至存在违法犯罪风险的情况，将年龄、文化程度、治安保卫能力等严格规定为招聘治安保卫人员的基本条件，从而改变了过去的人员结构，使许多优秀的退役军人成为治安承包队伍的主力军，大大提升了治安保卫能力。除此之外，还有不少地区采取招标、竞标的方式来选拔治安承包方，如杭州市下城区对其所属新华路、庆春路（长庆段）实行治安承包，承包工作由长庆派出所与长庆街道综治办牵头，通过招标这一公开公正的选拔程序，筛选出一家物业管理公司作为治安承包方的合适人选。又如，宁波市鄞州区五乡镇综治办和派出所组织对该镇明伦村的治安防范工作进行承包的招标大会，共有20多位村民报名竞标，经派出所审核有12人符合要求，经过激烈竞争，村民张某以最接近标底的价格获得承包权。

就后者而言，各地关于"治安承包"的实践都有订立治安承包协议的环节。一方面，治安承包协议在实践中是约束治安承包双方的主要依据，也规定了治安承包方的具体工作任务，促使其积极开展治安保卫工作的重要奖惩机制。例如，河南省方城县委政法委和综治委联合制定下发了《治安承包合同管理办法》,共七章三十条,系统规定了总则、发包与承包合同的鉴定与无效、合同的确认、变更与解除、违约责任、调解与仲裁等内容。该办法为如何签订治安承包协议提供了规范性依据,明确了治安承包双方权利、义务和责任,是治安承包方具体开展治安保卫工作的行为准则。当然,在各地的具体实践中,通过治安承包协议规定承包方的工作要求和奖惩机制的做法不尽相同,表3.2是浙江省内的四个区县(温州市瓯海区、嘉兴市嘉善县、杭州市下城区、宁波市鄞州区)在治安承包协议中有关承包方的工作要求和奖惩机制的不同内容。

表3.2 治安承包协议中有关承包方的工作要求和奖惩机制

地区	承包方的工作要求与奖惩内容
温州市瓯海区	实行"低工资、高奖金、高风险"的承包责任制。每月承包保底金额为8000元,每月承包区域内刑事发案保底数3起。巡区内月刑事发案累计发生3起,不奖不罚;发案2起,奖1000元;发案1起,奖2000元;没有发案,奖5000元;如果发案4起,罚1000元;发案5起,罚2000元;发案6起以上,罚5000元;如发现故意瞒报或漏报,罚5000元
嘉兴市嘉善县	将承包区域划分为A区和B区,并确立了标底。A区的标底是每月案件控制数600元以上的8起,600元以下的12起,经费8000元;B区的标底是每月案件控制数600元以上的6起,600元以下的7起,经费4800元。由各警队推出的7名竞标民警经过投标,两名民警分别以A区每月案件控制数600元以上6起、600元以下9起,经费7200元中标;B区每月案件控制数600元以上4起、600元以下5起,经费为4000元中标
杭州市下城区	承包方每月可以获得8000元治安承包费,同时按照考核的奖惩制度进行奖励及扣罚。2003年第二、三、四季度(每日8:30-21:30时间段内)该路段及沿街商店内立案的刑事案件数分别不得超过10起、9起、8起。每上升一起扣100元,每减少一起奖励100元;巡逻队员在该路段每抓获一名可以刑事拘留的犯罪嫌疑人,奖励人民币100元,每抓获一名可以治安拘留的犯罪嫌疑人,奖励人民币30元

续表

地区	承包方的工作要求与奖惩内容
宁波市鄞州区	2003年明伦村治安、刑事案件允许发案基数为12起。每多发一起治安、刑事案件扣现金1000元,每少发一起案件奖现金200元;私房出租漏管、暂住人口登记做证未达标准的,发现一起要扣5元到50元不等的现金;夜间巡逻未达规定要求的,发现一次扣现金20元。年终测评,群众安全感、满意率和基本满意率低于标准的,每下降一个百分点扣100元;高于标准的,每上升一个百分点奖100元

另一方面,公共部门(公安机关)的角色作用实际上在治安承包协议的签订、履行以及监督与考核的一系列流程中得到了充分展现。例如,在温州市瓯海区的"治安承包"实践中,治安承包双方签订的治安承包合同中有规定,"公安派出所负责日常监督、业务指导、调查处理违法犯罪信息、发案统计"。又如,在杭州市下城区的"治安承包"实践中,当地派出所负责对作为承包方的物业公司的治安巡逻工作进行指导、监督、检查以及季度性考核。假使个人承包一整个区域的治安防范事项,则该治安承包人必然需要组织、充实自己的治安承包队伍。按照宁波市鄞州区的做法,治安承包人可以自行组织人员,但是被组织人员的能力素质必须经过派出所审核。

3.3.3 "治安承包"类型划分的新视角

无论是20世纪80年代通过承包的具体区域、承包主体、承包组织形式的类型划分标准,还是20世纪90年代以来借助法律依据、发包方、承包方、承包的内容及其范围、承包协议的性质、公共部门的角色地位和作用、经费来源的类型划分标准,更多是一种来源于实证分析的类型化标准。客观地说,围绕"治安承包"的研究需要就事论事地分析实践中的各种模式,但这并不妨碍采取理论分析的进路来对"治安承包"的实践类型作出新的划分。

3.3.3.1 基于政府、市场、社会的互动关系

"治安承包"的诸多具体模式涉及不同主体之间的协议问题。事实上，基于政府、市场、社会的三维治理格局，可以清晰地对"治安承包"的实践予以类型化，即所有的治安承包方都只可能来自政府、市场、社会三个维度，三者之间的排列组合可以形成许多不同的治安承包类型。其中，最为典型也最为重要的有两种类型，一种是政府（公共安全部门）将社会治安任务承包给市场主体，即政府（公共安全部门）与市场组织之间签订治安承包协议，进而基于两者之间的不同角色定位研究双方的互动关系，思考政府对市场组织的规制问题；另一种是政府（公共安全部门）将社会治安任务承包给社会主体，即政府（公共安全部门）与社会组织之间签订治安承包协议，进而基于两者之间的不同角色定位研究双方的互动关系，思考政府对社会组织的规制问题。当然，这两种"治安承包"类型都存在各自的利弊。来自市场的治安承包方专业性较强、职业化程度较高，能够提供较高质量的公共治安服务，但往往缺少对承包区域内的治安环境的充分了解，难以与承包区域内的民众展开有效的互动与合作，存在潜在的冲突可能；来自社会的治安承包方一般对特定区域内的治安状况较为了解，能够较快获得承包区域内的民众的信任并与之展开有效的沟通与合作，但往往在专业性方面存在不足，职业化程度也不高，很可能难以满足公共治安服务的质量要求。

3.3.3.2 基于"权力"的不同来源

在以往关于"治安承包"的诸多质疑声中，较为普遍的是关于治安权为何可以承包的疑问。这样的疑问，固然没有深入了解"治安承包"的内容，但承包方毕竟在形式上展现出了行使"权力"的外观，恰恰可以指引人们去思考治安承包方的"权力"来源问题。根据"治安承包"的不同实践模式，治安承包方的"权力"来源亦存在多样性。事实上，在前述的"'承包'概念的契约本质"一节中已经提到，假使以私人的

参与依据为标准，法律明确规定、承包协议（合同）的约定、紧急状况、自愿行为等不同情形都属于"对治安进行承包"的范畴。鉴于参与依据与"权力"来源具有同质性，因而治安承包方的"权力"来源可以基于法律的明确规定、承包协议（合同）的约定、紧急状况下的私力救济理论、自愿行为中的社会契约理论。因此，在区分"权力"不同来源的基础上，可以将"治安承包"划分为由法律直接规定的"治安承包"类型、通过缔结行政契约（协议）或民事合同的有偿"治安承包"类型、基于紧急状况或自愿行为产生的无偿"治安承包"类型。

3.3.3.3 基于承包内容的不同属性

分析承包内容的不同属性，需要借助经济学理论对物品率先进行类型化的分析。具体而言，任何物品都可以按照排他性和消费性两大特征划分为四种类型，包括个人物品、可收费物品、共用资源、集体物品。当排他可行，且属于个人消费范畴时，该物品即为个人物品，如私人保镖；当排他可行，但属于共同消费范畴时，该物品即为可收费物品，如特定区域内的安全保卫；当排他不可行，但属于个人消费范畴时，该物品即为共用资源，如公共部门及其工作人员接受私人请求提供特殊的安全服务，将会导致对他人提供安全服务的减少；当排他不可行，且属于共同消费范畴时，该物品即为集体物品，如公共部门提供的一般性、普遍性的安全防范。[①]因此，社会全部的安全需求实际上就对应了由个人物品、可收费物品、公用物品、集体物品组合而成的社会整体秩序与安全产品——社会治安。因此，"治安承包"的内容通过个人物品、可收费物品、共用资源、集体物品这四种类型予以划分，进而形成"治安承包"实践模式的不同类型。

---

① 萨瓦斯.民营化与公私部门的伙伴关系[M].周志忍,等,译.北京:中国人民大学出版社,2002:48.

这样的分类对于"治安承包"的边界研究具有积极意义。具体而言，在个人物品和可收费物品的定义下，治安服务具有私人（个人和团体）性质，此时承包不存在严格的法律界限。在共有资源和集体物品的定义下，治安服务具有公共属性，此时这些传统上由政府提供的产品是否可以由市场或社会来提供需要仔细论证。与此同时，对于具有公共性的治安服务费用，理论上居民在纳税时即已缴纳，因而在"治安承包"的过程中应由政府补贴而不能再让居民二次买单。

3.4 "治安承包"在实践中暴露的主要问题

3.4.1 承包主体的混乱

观察上述"治安承包"的实践模式，承包主体的混乱主要体现在发包方和承包方两个方面。就发包方而言，公安机关、综治委、综治办、街道、村（居）委会以及其他企事业单位都可以成为发包方，而许多地方开展"治安承包"的背后都有地方党政领导部门（如市委、市政府、政法委等）的支持和推动。因此，地方党政领导部门实际上是承包当地治安的主导者，只是基于"领导与被领导"的科层制关系，在承包过程中交由职能机构或下级单位来具体处理。在此种情况下，可以将党政领导部门理解为实质上的发包方。与此同时，承包方也呈现出非常宽泛的面向，从行政机关（公安机关）内部的公务人员（人民警察），到以保安服务公司、物业管理公司等为代表的市场组织，再到城市或乡镇辖区内的个人，都可以成为承包方。

承包主体的混乱一定程度上影响了"治安承包"的正常运行。就发包方的混乱局面而言，由于发包方的"多头"现象，任何涉及治安防范或管理任务的主体都可以将相应的工作承包出去。这虽然有助于"治安承包"的系统推进，但很可能导致该区域内的治安工作出现碎片化的状况，承包组织名目众多、参差不齐，而公共部门又难以对各个承包组织或个人实施统一的指导、监督、检查、考核，以致需要完成大量重复性的工作，造成自身工作效率的低下。就承包方的混乱局面而言，一个区域内的治安防范或管理工作分别交由众多不同的承包方来辅助维护，虽然一定程度上增加了治安服务市场的竞争，有助于治安服务市场的高效运作，但不同的组织或个人基于不同的行动逻辑很可能会形成不同的行为模式，进而导致"治安承包"在组织上的多样性、区域上的复杂性和行动上的碎片性，不利于特定区域治安的整体维护。此外，发展中的承包方市场难以避免其中混杂着大量缺乏规范性、专业性的组织或个人，队伍人员结构也不尽合理。一旦这些组织和个人无法有力地承担起治安防范或管理的任务，甚至反而借助"权力"行使的便利恣意妄为、贪污腐化，很可能异化为社会治安的漏洞和公共安全的新风险。

3.4.2 治安承包方的称谓不一

在治安承包方的主体混乱的基础上，治安承包方的称谓混乱进一步加剧了"治安承包"在实践中的无规律状况。笔者实地考察了中国 G20 杭州峰会（以下简称 G20 峰会）当年（2016 年）浙江省杭州市为之付出的治安努力：鉴于 G20 峰会的极端重要性，杭州市特意在 G20 期间强化安保勤务能力，其中最为显著的举措之一就是扩充警力。数据显示，根据当年浙江省公务员招录计划，杭州市人民警察的招录数量井喷。除此之外，杭州市积极开展各种典型的"治安承包"模式以及保安服务业、警务辅助人员制度、治安志愿者制度等其他"治安承包"实践模式以应对编制警力不足的情况，创造了公私合作型治安的实践典范。然而，存在的问题是，在当时的杭州市域内，作为治安承包方的不同组织或个人在对外的称谓上（一般是佩红袖标、着安保服饰）极不统一。在大街小巷、各个公共或商业场所，除大量的警务辅助人员之外，这些组织或个人对外以"综合管理""治安志愿者""安全员""平安巡防员""治安员""城市治安岗巡逻队""安保"等不同称谓共同参与了杭州市的治安防范和部分治安管理工作。在公共道路上，有警务辅助人员、警校学警协助指挥交通（警校学警占了很大比重）；在公共交通场所或工具上，有公交车治安员、地铁安检员以及协助警察查验身份证的志愿者等；在各个景区有安保、安全员和志愿者等；在各个商场有商场安保、商场治安志愿者等；在小区、校园、酒店等相对封闭的公共场所，则有安保以及治安志愿者等。他们或身着便服、手臂上佩戴红袖标，或身着安保制服，但从制服形式和标识上看较为混乱，营造出一种碎片化的治安感观。质言之，治安承包方对外形象的不规范、不统一，很可能给民众在体验公共安全服务的同时带来一种认知困惑：他们究竟通过何种方式或基于何种依据取得了"权力"？他们究竟执行何种"权力"，可以如何执行"权力"。

3.4.3 治安承包方的专业性和职业性不足

在我国宏观治安政策的影响之下，无论是过去忽视治安辅助力量，还是现在重视治安辅助力量，公共部门（公安机关）一直以来都有一个误区：只要能够有助于利用市场、社会的资源实现辅助治安的功效，就可以不加规制地发挥私人部门的力量；在应对重大治安任务时，只要是人力，就可以利用起来维护治安。因此，可以看到，在我国的"治安承包"实践中，由于缺失必要的选拔、培训、考核、淘汰机制，许多承包组织或个人实际上缺乏必要的专业技能和文化素质，只能停留在形式和数量上的参与层面，无法在必要的时刻有效辅助公共部门（公安机关）完成社会治安任务。观察许多承包组织的人员构成，临时性、流动性是一个明显特征，这导致治安承包队伍缺乏稳定性，无法产生凝聚力和战斗力，进而影响"治安承包"的实际效果。另一个特征是人员结构不合理，许多参与维护社会治安的个体要么是社会闲散人员，要么是退休年长人员；真正年富力强的青壮年认为这是一个社会认同度较低的行业，"不体面""待遇低""非长久之计"。这两个特征也导致了治安承包方缺乏专业性和职业性。

专业性和职业性的不足制约了"治安承包"的实际效果。无独有偶，国外学者同样对社会（包括市场和社会组织及个人）是否能够真正承担起相应的治安职能提出了质疑，他以英国某著名国际安保公司为分析样本，发现该公司曾经承担奥运会的安保工作，但没有按照合同承诺提供足够的安保数量，给自身以及与其签约的伦敦政府带来了极大的负面影响。[1]这些问题需要我国的"治安承包"实施者引起注意。

3.4.4 "治安承包"运行的非常态化

一直以来，"治安承包"的推行取决于我国公共部门（公安机关）对于特定区域治安状况的基本判断。当该区域内的治安状况较差、公共治安力量（警力）又明显不足时，可以积极通过"治安承包"各种实践模式的开展以实现社会治安形势的改善和向好发展；当该区域内的治安状况良好、公共治安力量（警力）也较为充足时，"治安承包"的各种实践模式则会随之减少。换言之，公共部门（公安机关）可以根据一时一地的治安状况，通过治安承包协议来调配特定区域内的治安辅助力量，以满足国家、社会对治安的实际需求。因此，"治安承包"的实施具有灵活性和应变性。然而，这样的工具主义思维导致实践中各个地区

---

① WHITE A. The Politics of Police "Privatization": A Multiple Streams Approach[J]. Criminology and Criminal Justice, 2014, 15(3): 283-299.

采取的"治安承包"模式往往基于运动式的逻辑，大多数情况下仅仅是为了应付一时一地公共安全需求的激增或是完成某些重大事件的安全保卫工作。这就需要在短时间内迅速招募"治安承包"的组织或个人，而忽略针对治安承包方的严格筛选和能力审查机制，治安承包过程中的某些必经程序也势必遭到压缩。此外，非常态化、运动式的"治安承包"实践不仅无益于治安辅助力量的可持续成长，而且往往带有公共部门的强制性或义务性要求，并不重视与治安承包方形成合意，忽视治安承包方的自主性和利益诉求，严格来说并不符合公私合作良好范例的理论要求。事实上，一旦公共安全需求得以满足或重大事件的安全保卫工作完结，则由公共部门单方面终止治安承包协议即可。

3.4.5 实践中的其他显著问题

除了"治安承包"的承包主体混乱、承包方的称谓混乱及其专业性和职业性不足、"治安承包"运行的非常态化等显著问题，法律规范阙如、过程中公众参与度不高（承包方的选拔机制不透明、受影响群众不了解信息等）、市场化水平低（承包方隶属于公共部门，存在利益输送）、承包事项与公共部门的任务界限不清（导致承包方的工作与专业机构的工作缺乏有效衔接）等问题在实践中同样值得注意。对此，国内外国内外不少学者也表达了不同的担忧和疑问。治安承包方与作为发包方的公安机关之间究竟是一个什么样的关系，公安机关在"治安承包"中应发挥何种作用？治安防范承包之后，公安机关应如何在此基础上开展治安防范工作？公安派出所是否有"治安承包"的发包权？承包过程如何规范？[1]回应这些担忧和疑问，实际上要求从规范化、制度化、法治化的思路去解释"治安承包"的正当性（正当性包括合政策性、合宪性与合法性），并且在此基础上建构我国"治安承包"的理想模型。

---

[1] 郑孟望.治安承包的理论依据及其完善[J].湖南社会科学,2004(3):62-63.

4 规范解读："治安承包"的政策性、合宪性与合法性分析

"治安承包"在实践中暴露出的诸多问题亟待进一步澄清。在法治化的视角下，探寻"治安承包"的规范依据应当是一条基本思路。事实上，几乎所有学者在研究"治安承包"时，无论是指涉直观的、典型的"治安承包"现象及其模式（作为现象描述的"治安承包"），抑或是囊括"治安承包"理论框架下的其他实践（作为概括性定义的"治安承包"），都提到了缺少规范依据的问题。探寻"治安承包"的规范依据，发掘既有的规范资源并加以解读，正是解开当下承包主体混乱、承包方的筛选机制不合理及称谓混乱、承包的内容和范围不清、承包协议的性质、政府部门（公安机关等）在承包中的角色不明、承包方的工作与专业机关的工作缺乏有效衔接、运行的非常态化、承包费用"二次收费"等现实问题的直接途径，也是最终化解"法律规范阙如"之相关问题的理想切入点。

在我国，"规范"一词具有极其宽泛的内容张力，从中央到地方党政部门的政策性文件，从宪法到法律、行政法规、部门规章、地方性法规、地方政府规章以及其他规范性法律文件，这些都可以纳入规范的分析视野之中。其中，鉴于我国"治安承包"的本土化色彩，围绕政策性规范的研究最为优先。正如刘云山所言，研究中国的核心就是要研究好

中国共产党，这是找到当代中国从哪里来、向哪里去的"钥匙"。①政策性文件对于党政部门行政逻辑的制度化、规范化和程序化推进意义非凡，在此基础上长期以来形成的"党管政法"的总体思路也成为中国共产党执政的基础治理经验之一。②因此，在中国共产党的政策性文件以及专门面向政法机关（公安机关）的政策性文件中，相关的政策性规范构成了我国"治安承包"可能迈向制度化、规范化、法治化的历史和现实背景，是"治安承包"在我国萌芽及其演进的本土资源，也是进一步解读宪法、法律、行政法规、部门规章、地方性法规、地方政府规章以及其他规范性法律文件的中国语境。因此，对于我国"治安承包"规范依据的考察，离不开对我国既往以来的政策性规范予以解读。在政策性分析的基础上，法治化的视野还指向针对"治安承包"的"合法性"（基于正当性的合法性，legitimacy）分析。尽管"治安承包"在实践中引发的主要争议是围绕合法性所展开的，但我国既有的规范文本中其实并不缺乏"治安承包"的直接或间接的规范依据，涉及治安、社会治安综合治理、社会治安防控体系、保安服务业、公众参与（非政府组织、人民团体、私人协助）、公民反恐义务等内容的规范条款都可以发掘出有助于理解和实施"治安承包"的规范资源。因此，一方面，可以解读我国宪法文本和阐释宪法原理，进而对"治安承包"进行合宪性分析（宪法维度）。另一方面，再通过对既有法律法规的梳理以及行政法学相关理论的阐释，对"治安承包"进行合法性分析（行政法治维度）。可以说，围绕"治安承包"的政策性、合宪性与合法性分析将是探寻党和政府关于"治安承包"的基本立场、立法者意图的合理进路，也是整合"治安承包"的既有规范基础、反思未来完善可能的基本思路。

---

① 刘云山.认识中国共产党的几个维度[J].当代世界,2014(7):2.

② 周尚君.党管政法:党与政法关系的演进[J].法学研究,2017(1):196.

4.1 我国"治安承包"的政策性规范分析

4.1.1 我国"治安承包"政策环境

"治安承包"在我国的萌芽与发展离不开长期以来党和政府围绕社会治安形势及其效果所形成的基本政策环境。回溯中国共产党成立和新中国成立以来的历史，党和国家领导人一直以来主张的"群众路线"方针政策及其传导至"人民公安"工作中的专群结合路线（专门机关与广大群众相结合），一定程度上促进了公私合作型治安模式的兴起与发展，逐渐形成了"治安承包"在我国当代生成发展的政策环境。

中国共产党的"群众路线"方针政策深刻影响着人民政府（指大政府，包括公安机关、人民检察院、人民法院等政法机关）的运行逻辑。在政法话语之中，公安机关被誉为"刀把子"，又有"国家安危，公安系于一半"的重要地位，在治安方面的功能作用十分特殊。公安队伍除了要避免脱离人民群众，还要积极深入人民群众，得到人民群众的广泛支持。[1]到了改革开放时期，为有效解决社会转型和体制转轨导致的社会失序问题，社会治安综合治理理念和后来的社会治安防控体系化建设理论回应了新的时代需求。与此同时，市场作为资源配置基础手段的作用得到了进一步重视，承包方式（契约型治安治理）被引入到公共安全服务领域，催生了一系列"治安承包"实践模式的产生。

---

① HE B S. Crime and Control in China[M]// HEILAND H G, SHELLEY L I, KATCH H. Crime and Control in Comparatives. Berlin, Boston: De Gruyter, 2012: 241-258.

我国的治安政策在长期发展演变过程中，其表达方式和实质意涵都发生过深刻的变化，但始终坚持的主线是在充分发挥公安机关职能的基础上，强调党委政府领导下的各部门协作、社会协同、公众参与。**可以说，可供研究的"治安承包"的政策环境是相对稳定的，而相较于若干政策性话语，"治安承包"显然是一个更为平衡的语词，它的内核既是对一贯以来的治安政策的延续，又避免了过于浓厚的行政体制色彩，更有助于人们在中国进路中理解和认识我国公共部门和私人部门在治安领域所处的不同角色地位和相互作用。**

4.1.2 我国"治安承包"的政策性规范及其评述

4.1.2.1 中央会议文件的规范精神

相关中央会议文件的规范精神参见表4.1。

表4.1 关涉治安工作的部分中央会议文件精神

日期	会议文件	关于治安工作的主要要求
1982年1月13日	《中共中央关于加强政法工作的指示》	在整顿治安中,各级党委要加强领导……把各条战线、各个部门、各个方面的力量组织起来……推广适合各种情况的安全保卫责任制,把"综合治理"真正落实到各个方面;城市街道办事处下属的居民委员会和治安保卫委员会、调解委员会,要普遍恢复,认真做好工作;要健全机关、学校、厂矿、企业、铁路、航空、交通运输等基层单位的保卫机构和治安保卫工作;要恢复和发扬专门机关与广大群众相结合的群众路线的优良传统……同人民群众保持鱼水关系

续表

日期	会议文件	关于治安工作的主要要求
1991年	《中共中央、国务院关于加强社会治安综合治理的决定》和《全国人民代表大会常务委员会关于加强社会治安综合治理的决定》	两份文件都明确了社会治安综合治理的基本任务。前者:在各级党委和政府的统一领导下,各部门协调一致,齐抓共管,依靠广大人民群众,运用政治的、经济的、行政的、法律的、文化的、教育的等多种手段,整治社会治安,打击犯罪和预防犯罪,保障社会稳定,为社会主义现代化建设和改革开放创造良好的社会环境。后者:打击各种危害社会的违法犯罪活动,依法严惩严重危害社会治安的刑事犯罪分子;采取各种措施,严密管理制度,加强治安防范工作,堵塞违法犯罪活动的漏洞;加强对全体公民特别是青少年的思想政治教育和法制教育,提高文化、道德素质,增强法制观念;鼓励群众自觉维护社会秩序,同违法犯罪行为作斗争;积极调解、疏导民间纠纷,缓解社会矛盾,消除不稳定因素;加强对违法犯罪人员的教育、挽救、改造工作,妥善安置刑满释放和解除劳教的人员,减少重新违法犯罪
1997年9月	江泽民在中国共产党第十五次全国代表大会上作的报告	对"依法治国"的内涵做了详细阐述:依法治国,就是广大人民群众在党的领导下,依照宪法和法律规定,通过各种途径和形式管理国家事务,管理经济文化事业,管理社会事务,保证国家各项工作都依法进行,逐步实现社会主义民主的制度化、法律化,使这种制度和法律不因领导人的改变而改变,不因领导人看法和注意力的改变而改变。依法治国,是党领导人民治理国家的基本方略,是发展社会主义市场经济的客观需要,是社会文明进步的重要标志,是国家长治久安的重要保障。党领导人民制定宪法和法律,并在宪法和法律范围内活动。依法治国把坚持党的领导、发扬人民民主和严格依法办事统一起来,从制度和法律上保证党的基本路线和基本方针的贯彻实施,保证党始终发挥总揽全局、协调各方的领导核心作用

续表

日期	会议文件	关于治安工作的主要要求
2003年	《中共中央关于进一步加强和改进公安工作的决定》	统筹各种资源,协调各方力量,全力做好维护稳定的各项工作;社会治安问题是各种社会消极因素的综合反映,必须依靠全党全社会的共同努力,实行综合治理。坚持打防结合、预防为主的方针,大力加强治安防范和管理,在增强社会治安防控能力上下功夫。要积极发动和组织群众参与社会治安工作,不断发展壮大群防群治力量,推进社会治安防控体系建设。各级党委、政府要高度重视社会治安工作,切实担负起保一方平安的责任
2004年	中国共产党十六届四中全会通过了《中共中央关于加强党的执政能力建设的决定》	坚持打防结合、预防为主、专群结合、依靠群众,加强和完善社会治安综合治理工作机制。自此,"打防结合,预防为主,专群结合、依靠群众"明确成为社会治安综合治理工作的指导方针。
2012年11月	胡锦涛在中国共产党第十八次全国代表大会上作的报告	加快形成党委领导、政府负责、社会协同、公众参与、法治保障的社会管理体制;深化平安建设,完善立体化社会治安防控体系
2013年11月12日	中国共产党十八届三中全会通过了《中共中央关于全面深化改革若干重大问题的决定》	推进国家治理体系和治理能力的现代化;处理好政府和市场的关系,使市场在资源配置中起决定性作用和更好发挥政府作用;制定非公有制企业进入特许经营领域具体办法
2014年10月23日	中国共产党十八届四中全会通过了《中共中央关于全面推进依法治国若干重大问题的决定》	更好统筹社会力量;推进多层次多领域依法治理。坚持系统治理、依法治理、综合治理、源头治理,提高社会治理法治化水平。深入开展多层次多形式法治创建活动,深化基层组织和部门、行业依法治理,支持各类社会主体自我约束、自我管理。发挥市民公约、乡规民约、行业规章、团体章程等社会规范在社会治理中的积极作用;完善立体化社会治安防控体系

续表

日期	会议文件	关于治安工作的主要要求
2017年10月18日	习近平在中国共产党第十九次全国代表大会上作的报告	打造共建共治共享的社会治理格局。加强社会治理制度建设,完善党委领导、政府负责、社会协同、公众参与、法治保障的社会治理体制,提高社会治理社会化、法治化、智能化、专业化水平。加强预防和化解社会矛盾机制建设,正确处理人民内部矛盾。树立安全发展理念,弘扬生命至上、安全第一的思想,健全公共安全体系,完善安全生产责任制,坚决遏制重特大安全事故,提升防灾减灾救灾能力。加快社会治安防控体系建设,依法打击和惩治黄赌毒黑拐骗等违法犯罪活动,保护人民人身权、财产权、人格权。加强社会心理服务体系建设,培育自尊自信、理性平和、积极向上的社会心态。加强社区治理体系建设,推动社会治理重心向基层下移,发挥社会组织作用,实现政府治理和社会调节、居民自治良性互动
2019年10月31日	中国共产党十九届四中全会通过了《中共中央关于坚持和完善中国特色社会主义制度、推进国家治理体系和治理能力现代化若干重大问题的决定》	社会治理是国家治理的重要方面。必须加强和创新社会治理,完善党委领导、政府负责、民主协商、社会协同、公众参与、法治保障、科技支撑的社会治理体系,建设人人有责、人人尽责、人人享有的社会治理共同体,确保人民安居乐业、社会安定有序,建设更高水平的平安中国。 完善社会治安防控体系。坚持专群结合、群防群治,提高社会治安立体化、法治化、专业化、智能化水平,形成问题联治、工作联动、平安联创的工作机制,提高预测预警预防各类风险能力,增强社会治安防控的整体性、协同性、精准性

4.1.2.2 公安会议文件的规范精神

公安会议文件及精神见表4.2。

表4.2 关涉治安工作的全国公安(工作)会议精神①

日期	文件	关于治安工作的主要要求
1951年5月10日至5月15日	第三次全国公安会议决议	全国各地要完全遵守镇反工作路线:党委领导、全党动员、群众动员,吸收各民主党派及各界人士参加,统一计划、统一行动,注意斗争策略,广泛进行宣传教育,打破关门主义和神秘主义,坚决反对草率从事的偏向。全国各地在镇反运动中必须建立由群众参与、受基层政府和公安机关领导的治安保卫委员会,来担负协助人民政府镇反、防奸、防谍及保卫国家和公众治安的责任
1958年6月23日至8月16日	第九次全国公安会议决议	公安机关必须绝对依靠党的领导,坚决贯彻群众路线;大会作出了一批重要决议,其中就有《关于进一步加强治安保卫委员会工作的决议》
1964年2月28日至3月18日	第十三次全国公安会议决议	贯彻中央关于依靠群众力量加强人民民主专政、把绝大多数四类分子改造为新人的指示的措施
1965年6月11日至7月6日	第十四次全国公安会议	总结执行中央关于依靠群众专政、少捕人的要求
1970年12月11日至1971年2月11日	第十五次全国公安会议	狠抓阶级斗争,坚持群众路线,加强党委领导,加强调查研究,加强对敌斗争,加强治安管理
1973年2月12日至5月5日	第十六次全国公安会议	深入开展批林整风运动,加强对敌斗争,加强治安管理、内部安保、基层基础建设等工作
1977年12月1日至1978年1月15日	第十七次全国公安会议	在党中央和各级党委领导下,进一步贯彻专门机关与群众路线相结合的方针,创造更加良好的社会秩序等

① 第二十次全国公安会议之后,至今尚无公开报道或记录的"全国公安会议"召开。值得注意的是,与"全国公安会议"不同,最近一次"全国公安工作会议"于2019年5月7日至8日在北京召开,中共中央总书记、国家主席、中央军委主席习近平出席会议并发表重要讲话。

续表

日期	文件	关于治安工作的主要要求
1991年11月4日至11月11日	第十八次全国公安会议	确定20世纪90年代全国公安工作的基本任务是加强对敌斗争,粉碎西方"和平演变"图谋,促进社会治安综合治理,更有效地打击严重刑事犯罪活动,维护国家的稳定,保卫改革开放不断深入,保卫经济建设的顺利进行
1996年2月6日至2月9日	第十九次全国公安会议	全面推进经济体制从传统计划经济向社会主义市场经济转变,迫切需要公安工作在各方面适应和服务经济体制的重要转变。会议讨论通过了《"九五"公安工作纲要》,明确了公安工作的指导方针,其中就有严厉打击和积极防范刑事犯罪有机结合,实现社会治安综合治理,坚持专门工作与群众路线相结合
2003年11月20日至11月22日	第二十次全国公安会议	会议强调了公安工作的八项基本原则,其中包括坚持把维护稳定置于公安工作首位,坚持专门工作与群众路线相结合,坚持打防结合、预防为主的方针等。另外,对社会治安防控体系建设作了全面部署,社会治安防控体系是对之前的"严打"、社会治安综合治理、社区警务等新中国成立以来的治安政策的归纳提炼
2019年5月7日至5月8日	习近平出席全国公安工作会议并发表重要讲话	要坚持打防结合、整体防控,专群结合、群防群治,把"枫桥经验"坚持好、发展好,把党的群众路线坚持好、贯彻好,充分发动群众、组织群众、依靠群众,推进基层社会治理创新,努力建设更高水平的平安中国

4.1.2.3 关于政策性规范精神的解读

在我国,党和国家领导人的重要讲话、党和国家的大政方针以及各个重要会议上形成的政策性文件虽然没有直接指涉"治安承包"的语词,但是透过这些内容,完全可以发掘出"治安承包"实践的时代特征和发展环境。事实上,当代中国在社会治安领域开展的各种公私合作实践,归根结底都是由我国多年来的政策环境所孕育的。

自新中国成立以来,我国先后召开了20次全国公安会议(有公开报道或记录),2019年还召开了一次全国公安工作会议,历次会议召开的主要目的是传达党和国家对我国不同时期公安工作的重大决策和战略部署。回顾20次全国公安会议决议内容,可以做如下概括:长期以来,党和国家对我国公安工作的总体目标经历过从公安机关领导体制和目标任务,到镇反运动,到对敌斗争和打击犯罪,到阶级斗争,到保卫改革开放和社会主义现代化建设,到市场经济条件下公安工作目标任务,到维护社会政治稳定和治安稳定的发展与转变。[①]在新的历史条件下,习近平总书记在2019年5月召开的全国公安工作会议上强调:"公安机关要坚持以新时代中国特色社会主义思想为指导,坚持总体国家安全观,坚持以人民为中心的发展思想,坚持稳中求进工作总基调,坚持政治建警、改革强警、科技兴警、从严治警,履行好党和人民赋予的新时代职责使命,努力使人民群众安全感更加充实、更有保障、更可持续,为决胜全面建成小康社会、实现'两个一百年'奋斗目标和中华民族伟大复兴的中国梦创造安全稳定的政治社会环境。"[②]解读历次全国公安(工作)会议精神,尽管没有关于"治安承包"的直接表述,但是至少有11次会议精神(见表4.2)可以阐释为"治安承包"在我国生成与发展的政策基础和规范依据。其中,"群众路线"的相关表述在全国公安会议决议中出现了六次,分别是第三次全国公安会议决议(1951年)中的"镇反运动必须坚持群众路线"、第九次全国公安会议决议(1958年)中的"坚决贯彻群众路线"、第十三次全国公安会议决议(1964年)中的"依靠群众力量加强人民民主专政"、第十四次全国公安会议决议(1965年)中的"依靠群众专政"、第十五次全国公安会议决议(1970—1971年)中的"坚持群众路线"、第十七次全国公安会议决议(1977—1978

---

① 陆永.当代中国警政与现代国家成长[M].南京:江苏人民出版社,2015:84.

② 习近平在全国公安工作会议上强调坚持政治建警改革强警科技兴警从严治警　履行好党和人民赋予的新时代职责使命[J].公安教育,2019(5):1.

年）中的"进一步贯彻专门机关与群众路线相结合的方针，创造更加良好的社会秩序"。除了六次全国公安会议决议，习近平总书记在2019年全国公安工作会议上也明确指出要"把党的群众路线坚持好、贯彻好"。①

总体而言，自新中国成立以来，党和国家领导人以及公安机关的负责人都高度重视人民群众在维护社会治安方面的重要作用，力图将"群众路线"的基本方针政策融入我国的政法（公安）工作的长期任务和工作目标之中，从而指导有关部门在实践中充分发挥人民群众的力量。尽管在20世纪80年代之前，关于政法（公安）工作"群众路线"的思考、倡议和实践做法免不了附着上时代的烙印，许多治安保卫、维护社会治安的活动异化为大量的"运动式"执法活动，反而给国家安全和社会治安带来了负面影响，但是需要看到，一以贯之的"群众路线"为我国政法（公安）机关充分利用市场和社会力量辅助治安的实践确定了基本的行动逻辑。

需要注意的是，在20世纪80年代以后，我国从计划经济时代转向社会主义市场经济时代，"群众路线"的内涵随着时代的变迁也有了历史性的发展。具体而言，1982年，《中共中央关于加强政法工作的指示》（以下简称《指示》）具有里程碑意义，《指示》明确要求治安工作要组织各条战线、各个部门、各个方面的力量，落实综合治理的要求。此外，《指示》中关于"安全保卫责任制"的提法可以说是"治安承包"实践的政策性规范指引。

到了1991年，《中共中央、国务院关于加强社会治安综合治理的决定》和《全国人民代表大会常务委员会关于加强社会治安综合治理的决

---

① 习近平在全国公安工作会议上强调坚持政治建警改革强警科技兴警从严治警　履行好党和人民赋予的新时代职责使命[J].公安教育,2019(5):1.

定》先后明确了社会治安综合治理的基本任务。此后，党的十五大报告关于“依法治国”内涵的阐述，则在制度化和法律化的基础上提出了应当使广大人民群众通过各种途径和形式管理事务的要求。

时至2004年，党的十六届四中全会通过了《中共中央关于加强党的执政能力建设的决定》，社会治安综合治理工作机制得到了进一步的阐释，而“打防结合、预防为主”的工作思路则必然需要“专群结合”。可见，对于“专群结合”的新时代阐释已经与公私合作的思路十分类似。事实上，单纯依靠专门机关的独立活动是难以完成社会防范的全部任务，客观上的确需要发挥社会上的各种力量有序地参与治安的共同防范。

2010年5月，国务院发布《关于鼓励和引导民间投资健康发展的若干意见》（国发〔2010〕13号），明确要进一步拓宽民间投资的领域和范围，鼓励和引导民间资本进入基础产业和基层设施领域、市政公用事业和政策性住房建设领域、社会事业领域、金融服务领域、商贸流通领域及国防科技工业领域。

党的十八大以来，“治安承包”的政策性规范有了最新的发展和理论升华。党的十八大报告中关于社会管理体制的表述可见一斑，即“党委领导、政府负责、社会协同、公众参与、法治保障”；党的十八届三中全会通过了《中共中央关于全面深化改革若干重大问题的决定》，其中“推进国家治理体系和治理能力的现代化”“处理好政府和市场的关系，使市场在资源配置中起决定性作用和更好发挥政府作用”“制定非公有制企业进入特许经营领域具体办法”等规范要求都可以视为“治安承包”的政策性规范依据；党的十八届四中全会通过了《中共中央关于全面推进依法治国若干重大问题的决定》，其中在“更好统筹社会力量”“支持各类社会主体自我约束、自我管理”“发挥市民公约、乡规民约、行业规章、团体章程等社会规范在社会治理中的积极作用”“完善立体化社会治安防控体系"等方面结合法治化的方向提出了新的要求；党的十九大报告则将"党委领导、政府负责、社会协同、公众参与、法治保障"的"社会管理体制"转换为"社会治理体制"，进一步彰显了社会治安综合治理的"一核多元"内涵要求；等等。可以说，这些政策要求及其背后的精神实质上解决了"治安承包"规范依据缺失的问题。出于贯彻落实这些政策的要求，各地也很快出台了包括"治安承包"在内的各种治理创新举措。

公安工作方面的政策要求也有着相似的演进脉络。自20世纪80年代以来，第十八次全国公安会议决议（1991年）中提及"促进社会治安综合治理"；第十九次全国公安会议通过的《"九五"公安工作纲要》（1996年）中提及"严厉打击和积极防范刑事犯罪有机结合，实现社会治安综合治理，坚持专门工作与群众路线相结合"；第二十次全国公安会议决议（2003年）中提及"坚持专门工作与群众路线相结合，坚持打防结合、预防为主的方针""社会治安防控体系建设"等规范要求，揭示了新时期我国治安政策和工作思路从传统的"群众路线"要求发展到了相对常态化的"社会治安综合治理"直至近年来的"社会治安防控体系"，具体的治安模式从过去通过"运动式"地发动群众参与治安保卫工作逐渐转向通过相对合理、规范的机制促进公共部门（公安机关）与市场、社会组织或个人之间形成合作型治安模式。近年来，中共中央办公厅、国务院办公厅印发的《关于加强社会治安防控体系建设的意见》，以及中央政法委、公安部有关领导关于"社会治安防控体系"的讲话以及对于提升"社会治安治理能力"的要求，进一次深入阐释"专群结合"这一公私合作模式对于社会治安整体维护的价值和意义。①这同时证明，"治安承包"是以上政策规范要求的具体实践模式和理论分析框架。当然，在我国，以"治安承包"为代表的秩序行政领域的公私合作实践仍然缺少明确的、直接的法律依据和制度支撑，仅靠理论上的正当性论证或是政策性规范支撑难以彻底解决其规范依据不足问题，需要进一步对宪法、法律等支撑其合宪性和合法性的规范予以分析解读。

4.2 我国"治安承包"的合宪性分析

4.2.1 相关宪法条款的梳理

我国宪法文本中并未出现"治安承包"的直接叙述，但梳理全部的宪法条款之后发现，表4.3中所列条款对于理解、分析"治安承包"有着重要的宪法规范意义。

表4.3 我国宪法条款关于社会治安权限与任务的总体安排

条款	内容
《宪法》第二条第三款	人民依照法律规定,通过各种途径和形式,管理国家事务,管理经济和文化事业,管理社会事务
《宪法》第二十八条	国家维护社会秩序,镇压叛国和其他危害国家安全的犯罪活动,制裁危害社会治安、破坏社会主义经济和其他犯罪的活动,惩办和改造犯罪分子

① 孟建柱.加快创新社会治安防控体系建设[EB/OL].(2015-09-24)[2016-12-20].http://legal.people.com.cn/n/2015/0924/c42510-27628720.html；郭声琨:深入推进社会治安防控体系建设[EB/OL].(2016-05-24)[2021-1-21].http://www.gov.cn/guowuyuan/2016-05/24/content_5076376.htm.

条款	内容
《宪法》第三十七条第二、三款	任何公民,非经人民检察院批准或者决定或者人民法院决定,并由公安机关执行,不受逮捕。 禁止非法拘禁和以其他方法非法剥夺或限制公民的人身自由,禁止非法搜查公民的身体
《宪法》第四十四条	退休人员的生活受到国家和社会的保障
《宪法》第四十五条	中华人民共和国公民在年老、疾病或者丧失劳动能力的情况下,有从国家和社会获得物质帮助的权利
《宪法》第八十九条第(八)项	领导和管理民政、公安、司法行政等工作
《宪法》第一百零七条第一、二款	县级以上地方各级人民政府依照法律规定的权限,管理本行政区域内的经济、教育、科学、文化、卫生、体育事业、城乡建设事业和财政、民政、公安、民族事务、司法行政、计划生育等行政工作,发布决定和命令,任免、培训、考核和奖惩行政工作人员。 乡、民族乡、镇的人民政府执行本级人民代表大会的决议和上级国家行政机关的决定和命令,管理本行政区域内的行政工作
《宪法》第一百一十一条第二款	居民委员会、村民委员会设人民调解、治安保卫、公共卫生等委员会,办理本居住地区的公共事务和公益事业,调解民间纠纷,协助维护社会治安,并且向人民政府反映群众的意见、要求和提出建议

4.2.2 从我国宪法文本分析"治安承包"的合宪性

在围绕"治安承包"的质疑中,治安权究竟是否可以承包给私人部门(市场、社会组织或个人)可以说是一个核心议题。纵观我国现行的宪法文本,依然没有找到直接的"治安承包"叙述:这也引发了不少学者关于将治安权承包给私人的合宪性担忧。即使仅仅将这些本质上或传统上属于政府的高权部分"承包"给私人部门,依然无法避免有关违宪的争议。然而,与政策性规范类似的是,由于宪法条款的根本性,其多个条文都具有极其抽象的概括、包容力。在对这些条文的解读中，还是可以从立宪者或修宪者的意图中捕捉到“治安承包”所暗合的宪法条款依据。以下将对我国宪法文本予以适当解读，来分析“治安承包”的合宪性依据。

考察《宪法》第二条第三款中的规范叙述：“人民依照法律规定，通过各种途径和形式，管理国家事务，管理经济和文化事业，管理社会事务。”该条款具有丰富的宪法规范内涵：首先，在一个人民当家作主的国度，人民可以参与国家、社会等领域的公共事务管理是一个毋庸置疑的基本逻辑。其次，人民参与管理国家或社会事务的前提条件是依靠法律的规定，例如公务员可以执行公权力（治安权）、参与治安管理任务的前提是有《公务员法》的规定，而在公务员之外的组织或个人欲参与国家和社会事务的管理就需要有关法律做出具体规定。再次，只要有法律的规定，就不仅仅只有公务员才能参与国家和社会事务的管理。最后，不管是基于对等契约或不对等契约，还是基于假契约、混合契约或纯粹契约①，抑或是纯粹的私法契约，人民参与国家各项公共事务的管理都具有途径和形式上的多种可能，这为未来通过立法形式填补“治安承包”所谓的法律依据空白预留了合宪性的空间。

在有关国家任务和职能的分配中，《宪法》第二十八条可以说确定了治安权的基本框架。其中，“国家”是治安权的应然主体，而“维护社会秩序”“镇压叛国和其他危害国家安全的犯罪活动”“制裁危害社会治安、破坏社会主义经济和其他犯罪的活动”则构成了国家治安权的基本内容。当然，国家需要具体的机构来完成治安权的任务和目标。结合《宪法》第八十九条第（八）项和第一百零七条第一、二款之规定，可以看出立宪者对于治安权行使机关的安排，即在中央，由国务院享有领

---

① 余凌云.行政法讲义[M].北京:清华大学出版社,2014:260-261.

导和管理全国公安工作的职权；在地方，则由县级以上各级人民政府依照法定权限管理本行政区域内的公安等行政工作，另由乡镇一级的人民政府管理本行政区域内的行政工作。可以看出，宏观上的行政机关及其微观上的公安机关是行使国家治安权的主要部门，这似乎证实了那些对于"治安承包"的质疑，即治安权在宪法上属于国家和政府的传统职能，在具体的执行过程中只有公共部门（公安机关）的行使方有合宪性。

然而，当往下看到《宪法》第一百一十一条第二款，却能发现宪法在该条中为居（村）民委员会、治安保卫委员会等基层群众自治组织参与公共事务，协助维护社会治安等活动预留了广泛的空间。鉴于居（村）民委员会、治安保卫委员会在法律地位上并不属于国家行政机关，因而该条款实质上给私人部门参与社会治安任务放开了一个口子。再者，居（村）民委员会、治安保卫委员会等组织不可能仅靠自身的力量开展协助维护治安的工作，势必需要大量招募来自市场和社会的治安辅助人员，"治安承包"实际上拥有间接的合宪性依据。事实证明，后来通过的《村民委员会组织法》第七条就将治安保卫委员会通过法律的形式予以了明确。事实上，观察《宪法》第四十四、四十五条等条款之规定，都出现了"国家和社会"共同完成某些社会保障方面的公共事务的规范叙述。可以说，宪法本身并未阻绝私人部门（来自市场和社会）对于国家任务和政府职能的参与。相反，其恰恰展现了公私合作的理念。

因此，综合上述宪法条款，虽然没有发现直接支撑"治安承包"的宪法条款，但"治安承包"的实质是重新理解国家、政府以及公安机关（公共部门）与市场、社会（私人部门）之间的公私伙伴关系和各自的角色作用。事实上，在《宪法》文本的字里行间都可以感受到立宪者并未排斥私人部门参与国家事务的管理以及治安任务的完成。尤其是《宪法》第二条和第一百一十一条，它们恰恰展示了国家政府与社会力量之间的合作互动，可以成为公私合作的宪法依据。当然，由于《宪法》本身的抽象性,关于合宪性依据的探寻只能说明"治安承包"的基本思路是可行的,但正如《宪法》第二条中所言,"法律规定"是"治安承包"理论框架下的各类实践及其制度化、规范化、法治化的重要因素,这或许是有效回应有关质疑的主要方式。此外,鉴于治安权往往伴随着国家强制力,究竟是哪些治安权力事项可以通过私人部门协助完成值得思考。但有一点是明确的,即根据《宪法》第三十七条第二、三款之规定,只有公安机关才享有执行逮捕公民的权力,从而"禁止非法拘禁和以其他方法非法剥夺或限制公民的人身自由,禁止非法搜查公民的身体"。换言之,《宪法》文本明确规定执行逮捕权只有公安机关享有,并将拘禁、剥夺人身自由、搜查身体等基于国家强制力的权力事项排除在可承包给私人的事项之外(除非法律有明确规定,根据《立法法》第八条第(五)项规定,"对公民政治权利的剥夺、限制人身自由的强制措施和处罚"只能制定法律),从而划定了"治安承包"的宪法边界。

4.3 我国"治安承包"的合法性分析

在《宪法》之外,我国的法律、法规、规章以及其他规范性法律文件有着丰富的规范资源。然而,不少学者却认为,治安承包在其近10年的实践历程中,始终面临着诸多法律困境,公共治安承包的内容范围、协议性质、签订主体、经费来源、公安机关和承包方的角色定位及其合法性问题成为其进一步发展的掣肘。[①]还有学者指出:"治安承包缺乏法律依据,甚至与法律的规定相悖,现行法律不仅明确禁止行政机关任意

---

① 邹东升,胡术鄂.公共治安承包的合法性困境解析[J].学术论坛,2007(7):162.

放弃和转让自己的职责，还排斥通过授权将行政权力交由私人行使。"①鉴于以往关于"治安承包"规范依据阙如的质疑，有必要在我国法律体系范围内对既有规范条款加以梳理，从而探析"治安承包"的形式合法性。事实上，在服务行政领域，我国立法已经对该领域颇为典型的公私合作模式——"公用事业特许经营"的概念和定义作出了明确规定，即根据原建设部发布的《市政公用事业特许经营管理办法》第二条，公用事业特许经营系指政府按照有关法律、法规规定，通过市场竞争机制选择市政公用事业投资者或者经营者，明确其在一定期限和范围内经营某项市政公用事业产品或提供某项服务的制度。因此，"公用事业特许经营"已经被普遍使用，成为一个既概括服务行政领域公私合作现象的语词，又成为众多研究者共同接受并广泛使用的学术概念。显然，"治安承包"尚未有如此之待遇，它虽然可以成为概括秩序行政领域中关于治安的公私合作现象，但无论是理论界还是实务界都仅仅视之为一种现象或实践模式，并未发掘其可以替代"警务民营化"的理论框架价值，遑论成为研究者共同接受并广泛使用的学术概念。正因为如此，更加需要在既有规范中寻找"治安承包"的规范基础（权力来源、选拔机制、法律地位、职权范围和界限、领导与监督关系、奖惩机制、救济赔偿），明确已有的和不足的部分，以期对将来的相关立法工作起到铺垫性作用。

4.3.1 承包给市场与社会组织的规范依据

4.3.1.1 社会化的治安承包方的规范依据——《治安保卫委员会暂行组织条例》

新中国伊始，为了稳固新生政权，高效有序地发动人民群众积极参

---

① 金自宁.解读"治安承包"现象——探讨公法与私法融合的一种可能性
[J].法商研究,2007(5):127.

与维护治安,当时的政务院于1952年6月批准、后由公安部于当年8月颁布的《治安保卫委员会暂行组织条例》围绕治安保卫委员会作出了详细规定。首先,条例第一条开宗明义,规定"为发动群众,协助人民政府防奸、防谍、防盗、防火……以保卫国家和公众治安……普遍建立治安保卫委员会",明确了治安保卫委员会的设立目的和主要任务,这也在侧面说明治安任务并不专属于政府(公安机关)。其次,条例第二条的前半句明确了治安保卫委员会的法律性质和地位系群众性治安保卫组织。再次,条例第二条的后半句规定了基层政府和公安机关与治安保卫委员会之间的关系是领导与被领导的关系,并通过第八条详细规定了行政机关(公安机关)与各个机关、企事业单位、城市、农村治安保卫委员会之间的领导与被领导的关系。条例的第三、四、五、六、七条分别规定了治安保卫委员会的机构设立及负责人、具体人员的选拔机制、工作任务、职权范围、纪律要求等内容。特别需要注意的是,职权部分的规定明确了治安保卫委员会的"协助治安权"(或者说"权力"界限),即可以扭送但不得审讯、关押、处理,可以调查、监视、检举、报告但不得逮捕、扣押、搜查、取缔,可以教育、监督但不得拘留、处罚、驱逐,可以协助维持秩序但不得变更或处理现场。最后,条例第九条对于基层政府和公安机关与治安保卫委员会之间的领导与被领导关系的制度化提出了要求,明确了监督和奖惩机制。

可以说,尽管《治安保卫委员会暂行组织条例》在今天看来落后于当前时代的要求,但其能够延续至今,至少说明立法者一直以来鼓励、支持民间力量协助维护社会治安,希望引导构建一个由公共部门主导与私人部门参与协助的社会治安公私合作的良好局面,并且也有过推动行政机关(公安机关)对于治安保卫委员会的领导责任向制度化、规范化的努力,以便更好地发挥公共部门对私人部门的监督性控制权力。更为重要的是,在大多数学者普遍认为"治安承包"缺乏法律依据的今天,

《治安保卫委员会暂行组织条例》实际上是一部具备了组织、行为、监督意义的行政法规，对于权力来源、选拔机制、法律地位、职权范围和界限、领导与监督关系、奖惩机制等进行了初步规定，可用以调整当下公共部门将部门治安事项承包给基层社会组织或个人的活动。在此基础上，治安保卫委员会作为基层政府（公安机关）、居（村）委会领导下的群众性治安保卫组织（实质形态是社会组织或人民团体），在具体开展协助基层政府（公安机关）、居（村）委会履行本区域内的治安事务时，也有了相应的规范依据。

4.3.1.2 市场化的治安承包方的规范依据——保安服务业的规范变迁

20世纪80年代，为了满足治安管理和社会需求，缓解警力不足的困难，我国开始了保安服务业的试点工作，保安服务公司在短期内数量猛增，也取得了积极效果。根据当时全国政法工作会议文件（中办发〔1985〕13号文件）的设想，保安服务公司是接受公安部门直接领导的社会安全防范组织。基于这一点，公安部于1988年5月26日颁布了《公安部关于组建保安服务公司的报告》，对保安服务公司的服务范围、"职责"来源及其界限、人员选拔、资金来源以及与公安部门的关系进行了初步规定。然而，保安服务公司在发展的过程中也暴露出了若干值得关注的问题，例如，私自扩大服务范围、超越职责范围、人员素质不高，等等。这些问题在实践中进一步引发了诸多侵权或滥用警械的案件发生，甚至还出现与违法犯罪分子共谋以谋取非正当利益，变相增加了社会风险。这些问题的发生主要有两方面的原因：一方面，公安部门疏于对保安公司的管理，导致保安公司及其工作人员任意妄为；另一方面，部分保安公司内部管理制度也不健全，没有建立起严格的人员选拔、考评机制。面对这些问题，公安部于1990年5月印发了《关于进一步清理整顿保安服务公司的意见》（公发〔1990〕11号文件），在认可保安服务公司在协助公安机关维护社会治安方面的积极作用的同时，将保安服务公司的作用与治保会和治安联防组织严格区分，并且严格控制保安服务公司的数量，加强对合格公司的审批、备案和管理制度。2000年，公安部通过颁布《公安部关于保安服务公司规范管理的若干规定》进一步加强了对保安服务行业的管理，强调保安服务公司只能由公安机关组建，从而实质上排除了其他组织和个人经营保安行业的自主权，并且通过第十条和第十一条规定了保安公司的经营范围和禁止性活动（包括不得提供个人人身保安服务；不得经营各类枪支、弹药、管制刀具等器械；不得经营人民警察的警用标志、制式服装和警械；不得从事非保安业务，不得从事生产和商贸活动，不得接受企业挂靠，不得延伸办企业），以及通过第十二条和第十三条规定了保安人员的具体职责和行为界限。

此后，鉴于以往相关规范性文件效力位阶较低的问题，制定《保安服务管理条例》的任务被提上议程。2008年，原国务院法制办对《保安服务管理条例（草案）》公开征求意见，其中有一点发生了显著的变化，即将过去由公安机关直接管理、经办保安服务公司的思路转变为由公安机关监管保安服务公司的活动。从这样的立法意图可以发现，公共部门（公安机关）对于市场主体参与部分治安防范任务的基本态度从严格管控逐渐转变为更为聪明的监管规制策略。条例明确了保安服务的具体内容，保安服务公司通过派驻保安员或自行招录保安员的方式，完成基于保安服务合同所限定的区域和对象的一系列治安防范工作，如门卫、巡逻、守护、押运、安全检查、安全技术防范等。公共部门（政府部门、公安机关）与保安服务公司之间的相互关系确定为监督与管理的关系，并在公安机关的指导下由保安服务行业协会依法开展该行业的自律活动。关于学界普遍关注的保安服务公司及其工作人员的具体权限问题，条例第二十九条作出了规定，主要包括在服务区域内查验证件、登记车辆和物品、巡逻、守护、安全检查、报警监控、维护公共秩序等。

此外，保安人员在服务区域内还有义务及时制止违法犯罪行为，对制止无效的违法犯罪行为应当立即报警，同时采取措施保护现场。还需要注意的是，依照《专职守护押运人员枪支使用管理条例》的规定，仅有从事武装守护押运服务的保安人员有用枪的权力。条例第三十条紧接着对保安人员的行为作出了禁止性规定，即不得限制他人人身自由、搜查他人身体或者侮辱、殴打他人；不得扣押、没收他人证件、财物；不得阻碍依法执行公务；不得参与追索债务、采用暴力或者以暴力相威胁的手段处置纠纷；不得删改或者扩散保安服务中形成的监控影像资料、报警记录；不得侵犯个人隐私或者泄露在保安服务中获知的国家秘密、商业秘密以及客户单位明确要求保密的信息；以及不得违反法律、行政法规的其他行为。

总体而言，《保安服务管理条例》以较高位阶的行政法规形式明确了保安服务的范围，规定了保安服务公司的行业准入制度和自行招用保安员的单位的备案制度，对保安员的条件和保安员的管理、培训以及权益保障作了规定，对保安服务行为做了规范，对保安服务的监督管理作了规定，具有明显的进步意义。更为重要的是，它使得保安服务公司的活动和保安人员的行为有法可依，使得作为市场化的"治安承包"组织及个人参与社会治安防范的活动和行为有了规范依据，也同时通过正反面清单的列举，初步构建了公共部门与市场主体之间关于"治安承包"的内容与范围，厘清了承包方的具体权限，对于其他的"治安承包"实践也有着重要的规范指引作用。

4.3.2 承包方"权力"的规范来源

4.3.2.1 来自法律授权的规定

在此种类型中，国家直接通过法律授权的形式将某领域或区域的治安权限完全承包给私人组织或个人，使该组织或个人在特定时间段内独立享有从事治安防范与管理的完整"权力"。在特定情况下,这些"权力"还可以具有强制力。根据大陆法系理论,基于"实际需要",传统上属于警察行政的,包括高权性行政活动的航空管理行政,在进行组织改革时被交由与本国不具有忠诚关系的有限公司及其职员行使。①在我国的航空和航海领域中,由于受到时空的限制,传统的国家治安力量难以有效介入,因而也出现了类似的法律规定。例如,我国《民用航空法》中的相关规定就确定了机长在特殊的情况享有"治安权"。这种"治安权"本质上系指国家为了保障航空器内的人员和财产安全,将在飞行过程中航空器内的治安防范与管理权限全部承包给了机长,使其在必要的时刻可以采取适当的行动以维护航空器内的秩序与安全。具体而言,《民用航空法》第四十四条第二款规定了机长可以依照其职权发布命令,民用航空器内的所有人员都应当听从其命令要求;第四十五条第一款规定了机长享有在飞行前对民用航空器的检查权;最为值得关注的是第四十六条,根据该条之规定,在航空器及其飞行过程中,为了维护航空器内的秩序与安全,机长可以针对任何破坏民用航空器、扰乱民用航空器内秩序、危害民用航空器所载人员或者财产安全以及其他危及飞行安全的行为,采取必要的适当措施。然而,关于该条中的"必要的适当措施"这一不确定的法律概念如何解释尚存疑问,这在一定程度上导致作为承包方的机长的权限模糊,进而在具体的情境中出现权力滥用、权利冲突或不能有效维护秩序与安全的不同情况。对此,可以考虑根据国际公约、国内立法,从空间和时间的范围及具体职权明确界定机长的权力类型。②

---

① 米丸恒治.私人行政——法的统制的比较研究[M].洪英,王丹红,凌维慈,译.北京:中国人民大学出版社,2010:148.

② 张君周.论客舱执法中的权力配置与冲突应对[J].甘肃政法学院学报,2010(2):99.

　　无独有偶，在《海商法》中也有关于船长的类似授权规定，使船长在特殊情况下享有"治安权"。具体而言，结合《海商法》第三十五条和第三十六条第一款之规定，为保障在船人员和船舶安全，船长在船舶范围内享有对船舶的管理权和对所有在船人员的命令权，并且有权对在船上从事违法、犯罪活动的人员采取禁闭或者其他必要措施，并防止其隐匿、毁灭、伪造证据。可以发现，相较于《民用航空法》，《海商法》赋予船长对船上的违法犯罪分子采取禁闭措施的权力，这使得船长在航行过程中的治安承包权限具备了可以限制人身自由的强制属性。然而，关于这方面的权力同样因概念的模糊而存在不确定性，但目前就该问题的研究尚不多见，仅有学者提出通过《行政强制法》的相关程序规定来规制船长的权限问题。①此外，《海商法》第三十六条第二款还规定了船长在采取前款措施后应制作案情报告书，由船长和两名以上在船人员签字，并将人犯送交有关当局处理。这相当于规定了该领域的治安承包方在履行承包义务（权限）之后与有关公共部门的工作衔接机制。

　　总之，在航空和航海等特殊领域，法律通过明确授权的方式赋予了机长和船长相应的治安防范和管理的权限，甚至允许他们在特殊情况下可以使用限制人身自由的强制措施。这在表面上似乎只是一次法律授权，但其实质上是公共部门与私人部门关于国家治安权在特殊领域的重新配置，这样的分配必然符合公共部门（公安机关）将治安权承包给私人部门的本质。因此，可以说，法律授权构成了承包方的一种权力来源，而且这种权力是完整的治安权，带有强制的色彩，可以限制人身自由。当然，从目前的法律条款来看，关于这种权力行使的法律界限，公共部门如何指导、监督、控制该权力的行使以及法律救济途径等问题还

---

　　① 王应富.论远洋船舶船长的警察权之法律规制[J].中国人民公安大学学报（社会科学版）,2013(6):108.

有待进一步细化。

4.3.2.2 来自行政委托的规定

以往学者在论及"治安承包"的实践模式时,无论是针对典型的"治安承包"模式,还是其他的实践模式,通常将其权力来源解释为行政委托,即行政主体(公安机关)将部分治安行政任务委托给相对人,使其能够以自己的名义行使相应职权,而相对人行为的后果由行政主体承担。如有学者将地方的治安承包改革尝试视为广义的行政委托范畴,其中巡逻、盘问等治安防范任务都可以通过签订治安承包协议的方式委托给承包人行使。[①]事实上,关于行政委托,法律上有明确的规定。其中,法律上关于行政委托方的具体条件规定构成了治安承包方的权力来源和资格条件,根据《行政处罚法》第二十条之规定,行政机关依照法律、法规或者规章的规定,可以在其法定权限内书面委托符合规定条件的组织实施行政处罚;又通过第二十一条规定了受委托组织必须符合三个基本条件:一是依法成立并具有管理公共事务职能;二是有熟悉有关法律、法规、规章和业务并取得行政执法资格的工作人员;三是需要进行技术检查或者技术鉴定的,应当有条件组织进行相应的技术检查或者技术鉴定。问题显而易见,实践中的"治安承包"往往基于公共部门(公安机关)与私人部门的承包协议,这实际上是通过合同的委托行为,其合法性何在?有学者解释了这一点,他认为,由于治安承包的内容仅限于治安防范和部分非强制性的治安管理权,并不需要有专门的法律、法规和规章依据,因而行政机关可以通过行政合同的形式予以委托,行政委托理论可以成为"治安承包"过程中承包方的权力来源。[②]

---

① 章志远.行政任务民营化法制研究[M].北京:中国政法大学出版社,2014:94。

② 蔡金荣.治安承包再思考——法理阐释、制度依托与行为规范[J].中国人民公安大学学报(社会科学版),2010(2):108.

另外，承包方的权力界限则有两部法律的明确规定，其中《行政处罚法》将限制人身自由的行政处罚权排除于承包的权力范围，《行政强制法》也将行政强制措施权排除于可委托的内容之外。因此，行政处罚权和行政强制措施权构成了"治安承包"的法定权力边界。

近年来，随着社会上行政委托的泛滥，特别是将警察治安权委托给私人组织之后出现的各种乱象，关于行政委托的理论出现了明显的收缩压力。①观察以《湖南省行政程序规定》为代表的各地行政程序规定的进程，也可以发现关于行政委托的规定有日趋严格的倾向。最近，有学者回溯历史，考察了2000年由最高人民法院颁布的《关于执行〈中华人民共和国行政诉讼法〉若干问题的解释》第二十一条之规定，认为当时将行政机关在没有法律规范规定的情况下，授权其内设机构或其他组织行使行政权的情形视为行政委托，是一种临时性的归责策略，但不代表行政委托可以因此脱离合法性的控制。②鉴于目前尚无明确的法律对于行政处罚权和行政强制措施权之外的其他权限（如调查权、检查权等）能否委托以及如何委托做出具体的规定，治安承包的合理界限还有待在法律层面进一步明确。

4.3.2.3 来自行政助手的规定

行政助手系指私人受行政机关委托，以委托机关的名义，并听其指挥，从事与特定行政任务相关的辅助性活动。③根据大陆法系理论，行政助手最初适用于给付或服务行政领域，后逐渐扩展至秩序行政领域。

---

① 王天华.行政委托与公权力行使——我国行政委托理论与实践的反思[J].行政法学研究,2008(4):92.

② 黄娟.行政委托内涵之重述[J].政治与法律,2016(10):139.

③ 刘淑范.行政任务之变迁与"公私合营事业"之发展脉络[J].中研院法学期刊,2008(2):74.

与行政授权或行政委托不同的是,行政助手不存在公权力的全部或部分转移,无独立主体资格,不能以自己的名义履行职责行为,也不像受委托组织或个人具有的相对独立性,其行为逻辑完全取决于公安机关人民警察的指导和监督,甚至可以不必严格遵循法律保留原则,可以由行政机关根据实际情形灵活决定是否使用行政助手。在德国,行政助手与第三方不形成直接的法律关系,仅仅是在行政机关的指导下完成其分配的任务。①

在我国,行政助手的理论可以在《人民警察法》第三十四条关于"公民和组织协助人民警察依法执行职务的行为受法律保护"的规定中找到规范支撑。除了法律上的规定,行政助手的理论还指引了实践中警务辅助人员在人民警察的严格指导下完成社会治安任务的协助事务,其形式上并不独立,理论上不存在脱离控制的可能,因而在实践中争议较少。与此同时,考察我国近年来有关交通协管员等警务辅助人员的若干规范性文件,一个明显的趋势也是将此类人员定位为"行政助手"。例如,根据公安部2008年印发的《交通警察道路执勤执法工作规范》之规定,交通警察指导交通协管员完成维护道路交通秩序,劝阻违法行为,维护交通事故现场秩序,报告道路上的交通、治安情况和其他重要情况等工作,且明确排除了其他执法行为以及作出行政处罚或行政强制措施决定等权力事项。其实,关于"交通协管员"的称谓即已展露出其行政助手的色彩,而其具体工作内容诸如维护交通秩序、报告交通治安状况等活动都在人民警察的指导之下,且不具有最终处理决定的性质,因而在内容上也属于行政助手。此外,各地关于交通协管员等警务辅助人员的定位也十分相似,例如,《云南省公安交通协管员管理试行办法》第一条和《安徽省公安机关交通协管员管理暂行办法》第二条都将交通协

---

① 施托贝尔.经济宪法与经济行政法[M].谢立斌,译.北京:商务印书馆,2008:503.

管员的职责规定为"协助"交警开展维护交通秩序的工作，而《苏州市警务辅助人员管理办法》则是更为明确地在第五条中将警务辅助人员定义为"人民警察的助手"。

目前，基于行政助手理论的相关规范性文件的具体规定已经成为交通协管员等警务辅助人员制度的规范依据和合法性来源。交通协管员等警务辅助人员大量出现在道路上开展协助交通警察疏导交通，在交通警察的指导下从事获取违章证据或纠正违章行为等活动。近年来，作为公安机关手足的延伸，行政助手的数量不断增多，在其他治安领域也发挥了重要的辅助性作用。诚然，庞大的警务辅助力量虽不能以自己的名义独立开展工作，但是在公安机关的指导下，他们广泛参与了诸多任务工作量大、不涉及人身自由或强制力的、不具有行政执法终局意义的辅助性和事务性工作，实际上经历了一个公安机关将若干非核心的社会治安任务承包给私人的过程，只不过承包的内容仅仅涉及协助权。因此，执行治安协助权的私人同样是维护社会治安的重要组成部分，是公共部门（公安机关）与私人部门关于治安权展开重新配置的产物，可以置于治安领域公私合作的趋势中加以思考。

4.3.2.4 来自私力救济的规定

治安承包方的"权力"除了来源于上述国家法律的明确授权、政府部门的行政委托和聘用行政助手，还有部分来源于正当防卫、紧急避险、自助行为、公民扭送等行为及其蕴含的私力救济理论。私力救济中的私人虽然在形式上缺少"承包"协议，但根据社会契约理论，当政府无法保障公民自由与安全时，公民有权根据天然的社会契约收回其先前让渡给政府的权力（利）。这在前述关于"'承包'概念的契约本质"一节已经说明。

尽管不得不承认，法治的发展是私力救济不断被公力救济吸收、替代的过程，但即使是在当前国家法律为公力救济设计了完整制度框架的时代,私力救济也并非在既有规范上无处可寻,甚至公力救济的实现也需要借助制度化了的私力救济方式。譬如,正当防卫、紧急避险、公民扭送、调解、仲裁等私力救济行为已经被纳入了法律规范体系之中,进而也成为治安承包方"权力"来源的规范依据。具体而言,正当防卫与紧急避险分别由《刑法》第二十条、第二十一条规定为违法性的阻却事由;《刑事诉讼法》第八十四条明确规定了我国公民的扭送权,即任何公民在发现犯罪嫌疑人员、通缉在案人员、越狱服刑人员、被追捕人员时,都可以立即将上述人员扭送至公安机关、人民检察院或人民法院处理;调解、仲裁则是民法上的多元化纠纷解决机制的组成部分,在《民事诉讼法》《仲裁法》中也有诸多法律条款,此处不再赘述。问题在于,私力救济在我国的法律规范体系中呈现出碎片性,加之实践中时常出现滥用私力救济的恶性现象,反而给社会治安带来了新的风险。对此,有学者提出,明确私力救济制度边界与正当化边界,促进私力救济理性规则秩序的建立,实现私力救济的制度化是符合社会实践的立法选择。[1]当然,由于私力救济的理论构成"治安承包"理论框架中的重要部分,其制度化推进对于"治安承包"的法治化运行亦有相当的制度贡献。

4.3.3 承包双方角色定位及各自作用的规范依据

尽管公共部门与私人部门之间的角色定位和各自作用更多是一个"后民营化"的规制策略问题,但考察既有规范体系,在一定程度上有助于理解既有规范对于"治安承包"双方的角色定位及各自作用的大致立场。具体而言,《治安管理处罚法》规定了各级政府对于社会治安综合治理的统领作用,并由公安部门负责从全国到地方的治安管理工作;

---

① 沃耘.民事私力救济的边界及其制度重建[J].中国法学,2013(5):178.

《人民警察法》则将维护社会治安确定为公安机关和人民警察的职责；《道路交通安全法》也将道路安全管理工作赋予国务院公安部门和地方人民政府公安机关交通管理部门。上述法律条款首先明确了公共部门对于治安权（公权力）的垄断立场。当然，这样的垄断并不是绝对的。正如《人民警察法》第六条第（十三）项规定，指导和监督国家机关、社会团体、企业事业组织和重点建设工程的治安保卫工作，指导治安保卫委员会等群众性组织的治安防范工作是公安机关人民警察的职责之一，再辅以《人民警察法》第三十四条通过法律保护公民和组织协助人民警察依法执行职务的行为规定，可以说，法律也承认公权力完全垄断治安任务不可能满足社会治安的整体要求，那么就需要发挥全社会（国家、市场、社会）的多元力量，将一部分可以承包的治安任务承包给市场、社会组织或个人。在此基础上，公共部门（公安机关）允许公民和各类组织参与维护社会治安的协助性、辅助性工作。当然，承包不能一包了之，而是要建立起承包双方关于治安工作的衔接机制。公共部门（公安机关）不应该在该区域的治安防范任务被承包以后成为"甩手掌柜"，而应当给这块承包区域加上双保险，确保发包人享受到高于一般区域的公共治安服务。① 这就需要公共部门（公安机关）通过指导、监督等规制手段来实现对私人部门治安辅助权的监督性控制。自此，基于"治安承包"所产生的公私部门之间的角色关系及各种作用得以确定，发包方首先在垄断治安权的维度逐步将部分社会治安任务分配给承包方，承包方则在发包方的指导、监督下独立或协助完成不超越承包内容的治安工作。

4.3.4 小结：合法性的确认与不足

基于前述关于我国现有规范本书的梳理和分析，可以发现"治安承

① 邹东升,胡术鄂.公共治安承包的合法性困境解析[J].学术论坛,2007(7):162.

包"并非完全缺乏合法性支撑,那些质疑"治安承包"缺乏法律依据的判断似乎过于武断。首先,《治安保卫委员会暂行组织条例》虽然陈旧,但其意在调整公共部门(政府、公安机关)将部分社会治安任务"承包"给基层群众性自治组织的各类活动,而基层群众性自治组织属于社会化的治安承包方,因而《治安保卫委员会暂行组织条例》实际上为发包方将社会治安任务承包给社会组织的活动提供了基本的规范依据,例如权力来源、选拔机制、法律地位、职权范围和界限、领导与监督关系、奖惩机制等。其次,保安服务业的规范发展以及《保安服务管理条例》的颁布,意在调整公共部门(政府、公安机关)将部分社会治安任务"承包"给市场组织的各类活动,而保安服务公司及其工作人员则属于市场化的治安承包方,因而《保安服务管理条例》实际上为发包方将社会治安任务承包给市场组织的活动提供了基本的规范依据,它以较高位阶的行政法规形式明确了保安服务的范围,规定了保安服务公司的行业准入制度和自行招用保安员的单位备案制度,对保安员的条件和保安员的管理、培训以及权益保障作了规定,对保安服务行为做了规范,使得保安服务公司的活动和保安人员的行为有法可依,使得作为市场化的治安承包组织及个人参与社会治安防范的活动和行为有了规范依据,也同时通过正反面清单的列举,初步构建了公共部门与市场主体之间关于治安承包的内容与范围,厘清了承包方的具体权限,对于其他"治安承包"实践有着重要的规范指引作用。

再次,由于"治安承包"的不同类型,其存在法律授权、行政委托、行政助手、私力救济四种权力来源,而且都有既有规范作为支撑。其一,基于法律授权情形:系国家通过法律授权的形式将特定时空的治安权全部无保留地承包给私人组织或个人,承包方在特殊时空环境下的权限与公共部门(公安机关)几乎无异。其二,基于行政委托的情形:系行政主体(公安机关)将一部分治安任务委托给相对人,使相对人

（以委托方的名义）相对独立行使委托职权，并由委托方承担相应的法律后果。根据《行政处罚法》和《行政强制法》的明文规定，此时行政处罚权和行政强制措施权构成了"治安承包"的法律界限。换言之，在此之外的治安防范任务和一部分不具有强制力的治安管理事务可以通过签订治安承包协议的方式委托给承包人行使。其三，基于行政助手的情形：行政机关（公安机关）将若干非核心的社会治安任务承包给私人，并要求私人听从其指挥，从事与特定行政任务相关的协助性、辅助性活动，而现行的《人民警察法》以及各地关于交通协管员等警务辅助人员的规范性文件内容构成了行政助手的规范依据。其四，基于私力救济的情形：在国家难以全面提供社会秩序与安全的某些薄弱时空，公民基于社会契约的理论以及若干私力救济行为的法律正当化确认，通过其自愿或自助行为承包起了该部分的社会治安任务。

最后，通过对若干法律条文的文意解释和体系解释，可以发现国家法律对于承包双方角色定位及各自作用是有规定的，公共部门（政府、公安机关）主导国家和地方治安事项，在形式上垄断治安权，但在实质上却需要私人部门同样发挥维护社会治安的作用，双方构成了指导与被指导、监督与被监督的角色关系。总之，通过对既有规范的全面梳理，"治安承包"是具备合法性基础的，但围绕法律依据、承包主体（包括发包方和承包方，承包方内部人员如何选拔）及其功能、承包的内容和法律界限、承包协议的性质、政府部门（公安机关等）在承包中的角色地位和起到的作用、经费来源等问题的规定还较为粗浅、缺乏系统性且效力位阶不高，有待在未来的立法修法工作中进一步完善。

5 "治安承包"的理想模式及其法制化建构

过去，"治安承包"这一社会治安领域的公私合作模式存在理论上的正当性和实践上的功能性论证有余而合法性不足的局面，但前述有关政策性、合宪性与合法性的规范分析说明"治安承包"在我国的实践并非全然没有规范依据的支撑，我国的相关政策、宪法、法律以及其他规范性文件并未排斥"治安承包"的各类实践活动，甚至可以说为之赋予了规范意涵。**通过对既有规范的梳理，可以发现"治安承包"的主要类型包括由法律规定的治安任务承包、通过行政契约（协议）或民事合同的有偿治安任务承包、基于自愿的无偿治安任务承包等不同形式，这些形式都是公私合作型治安模式，可以纳入理论框架式的"治安承包"范畴。**更为重要的是，"治安承包"的权力来源、承包方的选拔机制及其法律地位、承包的范围和界限、承包双方的领导与监督关系、奖惩机制、救济赔偿，以及治安承包组织或个人（无论是内部的个体，还是外部的组织或个人）的承包活动与行为都可以在既有规范中发掘出相应的规范依据。

然而，如果从系统的、整体的高度上看，"治安承包"的既有规范依据存在碎片化的特征。由于"治安承包"在实践类型上的多样性，不同"治安承包"类型在规范依据上面临显著的不平衡发展状况。基于法律授权的"治安承包"自不必说，另外，相较于治安的内部承包（聘用交通协管员等警务辅助人员）和外部承包中的市场化组织承包（聘用保安服务公司等）已经有了不少制度化、规范化的努力和成果，典型的"治安承包"模式现阶段仍然存在相关制度建设滞后的情况。更为重要的是，将规范依据的不足归结为"治安承包"的合法性困境仅仅是表面问题，既有规范对于"治安承包"的过程缺乏关注才是其合法性困境的实质原因。例如，《保安服务管理条例》第二条第（一）项就明确规定了保安服务合同及其内容，但是既有规定仅仅提及了相关协议或合同，并未对具体的承包过程予以规定，从而导致"治安承包"的过程缺乏正当性的支撑。

由于"治安承包"涉及社会治安权限与任务在公私部门之间的重新配置，这一过程显然需要在公私法的协同框架中予以合理构造并上升至规范层面，这也有助于明确治安领域中公共部门与私人部门之间、公共部门之间、私人部门之间的行动逻辑。事实上，诸如承包主体、承包的内容和界限、承包协议的性质、公共部门（公安机关等）在承包中的角色地位以及承包双方的各自作用等问题都将置于"治安承包"的过程中予以讨论。基于过程的研究视野，可以促使人们更为关注行政活动"过程"的合理性，考虑如何才能使行政机关更好地实现规制目标、完成公共任务。[①]循此逻辑，在合理构造"治安承包"过程的基础上，以系统的思维整体推进"治安承包"各个实践类型的制度建设，在法律层面进一步明确相关的法律依据、承包方的权力来源、承包的范围及其界限、各类承包模式的运行和程序规则、不同角色之间的权利义务、责任配置、利益配置、纠纷解决及救济制度等细节问题，从而使"治安承包"向制度化、规范化和法治化发展，最终消解围绕"治安承包"的合法性质疑。需要注意的是，在法律直接规定或授权的"治安承包"类型中，

---

① 高春燕."民营化时代下的中国行政法"学术研讨会综述[C]//胡建淼.公法研究（第四卷）.杭州:浙江大学出版社,2005:421-422.

达成"治安承包"的契约实质上在立法过程中缔结，已具备过程的正当性；在基于紧急情况或自愿行为的"治安承包"类型中，达成"治安承包"的契约在社会契约理论中缔结，也可以视为具备过程的正当性。因此，对于这两种类型的制度完善应当更多地从既有法律规范的漏洞与空白处加以填补，而过程构造的努力则将更多关注在形式上具备治安承包协议（合同）的类型。综合上述努力，最终推动国家治安政策和策略的调整，构建起"治安承包"理想模式的法律框架，为公私合作型治安模式在我国的展开提供系统性的制度支撑。

5.1 "治安承包"过程构造的提出

5.1.1 "治安承包"过程的构造逻辑

"治安承包"的过程应当采取何种构造逻辑，需要回归到"治安承包"的本质分析当中。在公私合作的背景下，"治安承包"在本质上系公私部门之间关于社会治安事务的重新配置。"治安承包"的过程则是国家和政府（公安机关）通过各种不同形式（法律或协议）将全部或部分社会治安任务交由（承包）私人完成或协助完成的过程，其具体过程因不同的承包形式而存在差异。具体主要有四种形式：第一种是法律授权的形式，系国家通过相关法律的明确规定，将特殊领域的治安防范和管理任务全部授权给特定的组织或个人，使得该特定组织或个人实际上全面承包了该区域内的治安权，可以自己的名义行使权力并承担法律责任。第二种是行政委托的形式，系公共部门（公安机关）通过治安承包协议，将某些区域内的治安防范和部分治安管理任务委托给私人组织或个人，使得该私人组织或个人承包了该区域内的治安防范和部分治安管理权并以委托方的名义相对独立行使权力，最后的法律后果由委托方承担。第三种是行政助手的形式，系公共部门（公安机关）通过形式上的民事合同，雇佣私人组织或个人参与治安防范或部分治安管理任务的协助工作，使得该私人组织或个人实际上承包了一种协助性质的"权限"，但这种"权限"必须在公共部门（公安机关）的直接领导和指挥下行使（不得以自己的名义），其行为后果也由公共部门（公安机关）承担。第四种是私力救济的形式，系私人组织或个人在紧急情况或自愿行为的基础上，根据政治哲学中的契约理论收回过去所让渡的部分公权力（社会治安权限与任务），该形式虽然不产生形式上的协议（合同），但实质上属于国家与社会之间关于治安防范任务的重新分配，使私人组织或个人实际上承包了自己力所能及的治安任务，以自己的名义行使相关"权限"并独立承担法律责任。

可以说，在第一种法律授权的形式下，"治安承包"的过程伴随着该法律条文制定的过程即已预期确定，或者说该过程已经具备立法过程的正当性基础，可以进一步细化规则而毋须再做法律构造。在第二种行政委托的形式下，通过治安承包协议的形式完成行政委托，由于承包双方的公私主体地位的不同，该过程其实是一个订立行政契约（协议）的过程，即使基层自治组织（居委会、村委会等）对外签订承包协议往往具有私法契约的属性，也难以遮蔽其背后的公共部门（公安机关）起到的指导、管理、监督作用。因此，对该过程需要采取专门的构造。在第三种行政助手的形式下，通过民事合同的形式完成关于治安辅助/协助权的承包，该合同表面上是一个平等主体之间的私法契约，但囿于公共部门（公安机关）的行政色彩，加之签订合同的目的以及合同的内容都关涉公共利益——社会秩序与安全，不能简单地将其视为民事合同的订立过程，因而也需要对该过程采取专门的构造。在第四种私力救济的形式下，达成"治安承包"的契约与社会契约的缔结类似，也可以视为具备过程的正当性，毋须再对治安承包的协议（合同）过程进行正当化构造，但需要对私力救济者的行为加以制度约束。

总之，除了法律直接授权和私力救济的形式，行政委托与行政助手的形式缺少立法过程所直接赋予的正当性，应当对其过程采取合理的法律构造以实现正当性的支撑。然而，由于"治安承包"兼具公共性和私人行政的色彩（公、私法混合的特质），其过程也因公私部门之间的不同合作形式和承包协议的内容性质而呈现出差异性，究竟应当采取公法过程的构造逻辑，还是私法过程的构造逻辑，抑或是公、私法属性融合过程的构造逻辑，需要结合治安承包协议的法律性质分别予以确定。

5.1.2 过程要素：治安承包协议的性质

大部分国家的公私合作或民营化模式采取行政处分或契约或双阶段行为的方式进行。[①]我国的"治安承包"实践同样具有公、私法混合的特质，对于治安承包协议的法律性质的判断需要基于公、私法契约区分标准的选择。在不同的标准下，将会产生不同的定性，而定性的不同将直接关系"治安承包"过程中公、私法规则的选择，进而影响承包双方的行为模式。换言之，关于公、私法契约的区分标准将决定治安承包协议的法律性质。

5.1.2.1 公、私法契约的区分标准

具体而言，英美法系国家通常以"公法属性"（public law element）作为区分标准。当然，他们并不主动区分公、私法契约，仅在司法审查环节由法官对合同进行判断，考察合同内容是否包含管理或公共规制的

---

① 杨欣.民营化的行政法研究[M].北京:知识产权出版社,2008:134.

内容①，然而，其"公法属性"的区分标准相对模糊，大陆法系国家则展示了较为精细的区分标准。在德国，一般将"契约标的"作为区分标准。"契约标的"的区分标准系指契约是否影响到公法明文规定的案件事实，尤其是契约内承担的义务或契约内所处置、契约所设定或与之紧密结合的法律效果是否属于公法性质。因此，假使契约中的权利义务依据的是公法规范，目的是执行公法规范，包含作出行政处分或其他主权性职务行为的义务以及针对公民在公法上的权利义务时，该契约即为行政契约。②在法国，公、私契约的区分标准经历了较长时间的发展变迁。20世纪80年代，是否具有"行政性"通常被视为主要区分标准。"行政性"主要体现为强制行政优益权在契约中的行使，判断标准是契约当事人中是否存在行政主体，内容是否直接执行公务，是否超越私法规则。③目前，法定标准和判例标准成为核心区分标准。前者由立法者提前在法律条款中确立契约的性质，后者则要求契约当事人中的一方须为公法人（这一标准也存在例外，即两个私人也可以缔结行政契约，前提是有一方仅仅是形式上的私人，但其作为行政机关的代表、"傀儡"或者契约的内容涉及国家本质任务），且涉及公共服务事项（也包括由公法人负责，间接由私人执行，以满足公共利益的活动）或包含普通法外（公法特征）条款的契约。总体而言，以德、法为代表的大陆法系理论对于契约的性质基本采取客观判断标准，形式上则要求有一方必须为行政主体，或者虽双方为私人主体但必有一方属于行政主体的代表、"傀儡"，内容上则以公共利益为核心概念。

---

① GRAIG P P. Administrative Law[M].London: Sweet & Maxwell, 1994: 567-568.

② 毛雷尔.行政法学总论[M].高家伟,译.北京:法律出版社,2000:351.

③ 王名扬.法国行政法[M].北京:中国政法大学出版社,1997:706.

过去，我国借鉴德、法行政法理论，形成了判断是否存在行政主体、行政优益权、行政目的、行政法律关系等有关行政协议（合同）的判断标准。然而，行政优益权遮蔽了行政协议的合意性，其需要法律的明确规定以及配套的行政补偿制度；行政目的所指向的公共利益是不确定的法律概念，一般情况下难以澄清且一旦扩大化很可能导致对相对人权利的恣意减损；单纯从法律关系上看，也很可能导致对行政协议（合同）性质的误读。因此，我国公私契约的传统区分标准逐渐演变为"公权力的作用"。具体而言，判断是否存在"公权力的作用"需要综合考察协议（合同）是否依据行政法律规范、行政相对人在协议（合同）中的意思自治空间、协议（合同）中的内容是否具有公权力属性。当然，辨别行政协议（合同）的标准或许并不具有普适性，需要针对具体问题建立具体协议（合同）关系的法律属性。正如在行政私法契约中，并未发生公权力的作用，在行政主体隐身的合同关系中，公权力则恰恰发挥了作用。[①]因此，在分析治安承包协议时，也应当针对协议的不同类型和具体内容予以细致判断。

5.1.2.2 治安承包协议性质的界定

目前，关于治安承包协议的性质在学界存在不同观点，章志远认为治安承包本质上属于行政协议（合同），因为治安承包协议的主体包括公安局或公安派出所和公民，治安承包协议的目的是维护公共利益和社会秩序，治安承包协议的内容体现行政主体的行政优益权，治安承包协议的成立基于合意。邹东升和胡术鄂则认为，应根据承包内容的不同，对治安承包协议的性质作不同的诠释。在治安防范承包协议中，承包事项一般属于私权范畴，如纠纷调解、对违法犯罪人员的举报权和制止

---

① 于立深.行政协议司法判断的核心标准:公权力的作用[J].行政法学研究,2017(2):36.

权、对违法犯罪分子的正当防卫权、检举权和扭送权、治安巡逻等，但其中的治安巡逻却具有双重属性，既属于公安机关的公权力，又属于私权的范畴。[1]需要注意的是，治安巡逻虽有公权力的内容，但实践中承包的"公权力作用"事项仅限于群众性治安联防组织所实施的事项（又称为治安巡防），属于警察权范畴的强制措施和执法活动并没有纳入承包范围。因此，治安巡防以外的治安防范内容承包合同应视为民事合同。而治安管理承包协议和治安防范中治安巡防承包协议的一方当事人是行政主体，从协议内容来看，具体的治安管理职权有治安管理命令权、治安处理决定权、治安强制权、治安处罚权、治安调解权、治安奖励权，其中承包人和发包方的权利、义务都围绕着公权力的行使，应当视为行政协议。

治安承包协议的性质究竟是公法契约还是私法契约，需要针对"治安承包"的不同类型具体界定。在典型的"治安承包"模式中，主要存在两类发包主体，一类是政府部门，以公安机关最为常见；另一类是基层自治组织，以村（居）委会较为常见。需要注意的是，治安防范中往往包含治安巡逻和其他防范事项。在此种模式中，有一方是行政主体是显而易见的（基层自治组织在我国虽然被视为自治组织，但同样具有行政主体的属性，可以成为行政诉讼的被告）。[2]此时，需要注意分析承包协议的内容。承包协议的内容通常包含治安防范和部分治安管理的内容，前者是公权力属性的治安巡逻和私力属性的自卫、扭送等活动的集合，后者则无疑具有公权力属性。可以说，尽管治安防范任务中有一部

---

① 邹东升,胡术鄂.公共治安承包的合法性困境解析[J].学术论坛,2007(7):162.

② 如《叶文忠等诉北京市通州区永顺镇新建村村民委员会一审判决书》,北京市通州区人民法院一审（2013）通行初字第34号。

分属于私力范畴，但是一旦涉及公共部门对特定区域内的治安防范任务承包给私人组织或个人的情况，就应当认为此时的治安防范具有公权力属性。因此，在典型的"治安承包"模式下，治安承包协议系属行政协议（合同）。即使是在某些情况下，"治安承包"的双方都系私人组织，但通常来说发包方是在党政部门或公安机关的直接领导和指挥下开展活动的，因而发包方仅仅能被视为代表，属于行政主体隐身的行政协议（合同）。在"治安承包"的其他实践模式中，交通协管员等警务辅助人员的实践活动需要单独分析，他们往往与聘用单位签订形式上的民事合同（这也是我国学界的普遍观点）。对此，法、德两国的理论并不统一，前者以行政契约理解行政助手参与公共服务职能的活动，而后者则将其视为私法契约。德国的观点目前是我国学界的通说。然而，当这些私人以行政助手的身份参与维护公共治安服务的辅助性工作时，这些辅助性的工作应当视为公权力的延伸，因而可以将民事合同的性质转化为行政协议（合同）。事实上，公共部门对于行政助手的大量聘用，同样涉及影响公共利益的问题，需要将该缔结过程纳入公法的调整范围。

总体而言，我国的治安承包协议兼具公、私法的契约属性，不能完全将其视为私法契约而绝对适用私法规则，而应当采取适当的公法契约过程规则，当然也不能绝对适用公法规则而忽视契约一方的私人属性。因此，在"治安承包"过程的具体构造中，应当在公、私法的框架之中找到平衡。当然，基于公权力的作用，还是应当将其界定为行政协议（合同）。针对其中的民事合同形态，在保留民事合同权利义务规则的同时，还是应当适用行政协议（合同）的缔结过程来理解和构造。因此，在治安承包协议的缔结过程中，行政机关并不与民事主体一样享有不受任何约束的缔约自由，应当严格遵循公开、公正的程序规则，在协议（合同）具体的权利义务方面，则可以有限度地适用民事合同的规则，使行政优益权保持一定的克制。

5.1.3 "治安承包"过程构造的基本路径

5.1.3.1 "类立法"的思路

在澄清治安承包协议的性质之后，"治安承包"的过程构造也明确了要实现公开、公正的目标，从而确保对该过程的正当性控制。我国当下出现了诸多行政协议的实践模式，涉及多方利益，尤其是公共利益（不确定的第三方利益），但许多缔约过程缺少公众参与却是一个不争的事实，关涉公共秩序与安全的"治安承包"协议过程也存在类似的问题。一般而言，假使要确保"治安承包"过程的正当性，借助立法过程以获得正当性支撑是一个较为常见的路径。例如，在行政过程中嵌入广泛的参与程序、利益代表和意见表达，促使行政机关在整体考量各种因素的条件下做出决定；[1]以健全信息公开制度为前提，在此基础上完善协商与说明理由制度；[2]等等。当然，"利益代表模式"的功能并不绝对，在控制行政行为并使其合法化的过程中，由于"利益代表模式"的巨大成本以及潜在的未被代表利益的存在，该模式无法成为解决行政自由裁量权的一般模式，但有限的利益代表制度可以成为解决具体行政正义问题的技术。[3]因此，在缺少法律授权的情况下，可以对"治安承包"的具体过程采取"类立法"的构造，从而填补该过程的正当性。事实上，无论是行政协议还是民事合同的形式，能够真正通过民主的形式实现缔约过程的合意，方能实现整个制度过程的正当性，最终体现公平

① 刘东亮.涉及科学不确定性之行政行为的司法审查——美国法上的"严格检视"之审查与行政决策过程的合理化借鉴[J].政治与法律,2016(3):125.

② 马龙君,张松.BOT特许协议中的公众参与研究[J].行政法学研究,2017(2):122.

③ 斯图尔特.美国行政法的重构[M].沈岿,译.北京:商务印书馆,2011:205-213.

和正义，这便是"类立法"的思路。参考美国最高法院的多个判例精神，"类立法"的思路以正当法律程序为基本框架，大法官们严格按照正当法律程序来约束授权私人的活动，一旦发现有违正当程序原则，即可以撤销对私人的授权。①因此，对私人的授权以及私人"权力"的行使应当受到实体正当法律程序的规制，方能符合公平和正义的原则。②以下将围绕这一思路对"治安承包"过程展开具体构造。

5.1.3.2 引入正当法律程序

鉴于治安承包协议的性质，"治安承包"过程构造的基本思路是要通过"类立法"的框架来实现整个制度过程的正当性，而"类立法"思路的具体化，则可以嵌入正当法律程序规则或契约性程序规则。具体而言，程序的基本构成要素，如正当过程、参加者的对立性和竞争性、信息与证据的对峙与博弈、对话性和结果的确定性。程序的基本价值，如公平、平等、公开、非强制性和全体一致性，程序的基本范畴，如角色参与性、透明性、话语论证性、主体间性（主体间理解的一致性）等③，这些正当法律程序的内容都可以在"治安承包"的过程构造中予以借鉴、吸收。可以发现，正当法律程序与契约的本质在理论上具有同质性，其恰恰可以用于"治安承包"及其协议缔结过程的讨论。因此，当正当法律程序与"治安承包"的过程相结合时，就要保证在该过程中尽可能地满足公众参与的需求，诸如"治安承包"的主导（领导）者、发包方、承包方、监督方、受益群体以及其他受影响群体都应当得到充

---

① VOLOKH A. The New Private-Regulation Skepticism: Due Process, Non-Delegation and antitrust challenges[J]. Harvard Journal of Law & Public Policy, 2014, 37(3): 949.

② 胡斌.私人规制的行政法治逻辑:理念与路径[J].法制与社会发展,2017(1): 173.

③ 于立深.契约方法论[M].北京:北京大学出版社,2007:138.

分的机会有效参与到"治安承包"的协议过程当中，从而确保各方主体享有实质参与权，都能够展开充分的协商和对话，并在协商、对话的过程中实现程序表达的论辩规则化。与此同时，还需要完善配套的行政说理制度、信息公开和披露机制，实现该过程的透明性和真实性，从而保障各方主体关于治安承包协议内容的讨论真实且有效。观察近年来各地出台的行政程序规定，虽然都对行政协议（合同）有所明确，但总的看来对行政协议（合同）的过程（程序）缺乏细致设计。构造"治安承包"过程的同时，触碰了行政协议（合同）的程序设计，有助于推进合作型行政程序的构建。因此，今后还需要对行政协议（合同）作出统一规定，明确订立、履行、变更、中止与解除等程序规则，促使行政程序立法中的行政协议（合同）程序与现行《行政诉讼法》中的"行政协议"部分相衔接。[①]

5.2 "治安承包"的理想模式：过程构造的展开

"治安承包"的理想模式，应当是经过前述实践检视和规范分析之后，总结现有问题和既有规范的不足，再结合正当法律程序的过程构造而构建的未来理想模式。因此，一旦参与主体、承包内容及其界限、各个主体的角色地位和不同作用以及利益、责任配置等"治安承包"的一系列过程性问题得以解决，"治安承包"的理想模式自然随之确定。

---

① 喻少如.合作行政背景下行政程序的变革与走向[J].武汉大学学报（哲学社会科学版）,2017(2):111.

5.2.1 "治安承包"参与主体的角色地位与不同作用

5.2.1.1 领导（主导）者

从社会治安的治理思路来看，"治安承包"在我国的实践有很大部分原因在于国家和政府部门的主导。因此，典型的"治安承包"现象是自上而下的，大多由地方党政部门（较为常见的有市委、市政府、政法委、综治委、综治办等）发起，再交由下级治安部门（以公安机关为主）贯彻落实。可以说，这些部门在"治安承包"的实际过程中发挥着真实的领导（主导）者作用，它们自己亲自发包（此时成为发包方），将下级治安部门（以公安机关为主）视为执行者，或者身处幕后，命令其职能部门或下级机构承担具体的发包任务。这些部门还通常颁布一些具有内部性质的工作文件来对"治安承包"的实施规则予以预先规定。到了具体的实施过程中，它们对于发包、招标、竞标的方式以及发包方、承包方的人选甚至协议是否订立都享有特权（决定权），它们的行动逻辑通常以行政性为中心。尽管不愿意承认，但是在我国的"治安承包"过程中，这些领导（主导）者实质上参与了治安承包协议的订立，应当在理解其作用的同时予以规范，使其行政性保持相对克制。

5.2.1.2 发包方

由于我国"治安"概念的意义宽泛，在多样化的"治安承包"实践中，存在诸多类型的发包方。有部分是前述提及的由领导（主导）者亲自发包的类型，此时领导（主导）者即发包方，还有部分是具体的治安部门作为发包方。需要仔细区分的是，有的发包方背后存在明显的领导（主导）者，从而仅仅负责执行发包任务和具体的工作安排，还有的治安部门则可以自主地展开发包工作。具体而言，发包方遍布涉及治安事务的党政机关及其职能机构以及众多基层自治组织，其中以公安机关和村（居）委会最为常见，前者一般具有自主性，而后者对特定区域内的治安状况可能更为了解，但一般不具有自主性。在"治安承包"的过程中，发包方作为重要的参与主体，其行动逻辑通常也以行政性为中心，应当在理解其作用的同时予以规范，使其行政性保持相对克制。此外，哪些主体有权发包亦需要通过法律明确规定。

5.2.1.3 承包方

在多样化的"治安承包"实践中，也存在诸多类型的承包方。根据国家、市场与社会的界分，承包方一般涉及市场领域的组织及个人和社会领域的组织及个人，前者以保安服务公司最为典型，后者则以治安志愿者组织或个人最为典型。此外，还有个别情况（如嘉兴模式）的承包方为人民警察个体。虽然此类承包因人民警察本身就应当担负治安的核心任务而缺乏正当性，但人民警察个体一般在承包之后会招募组织或人员来完成承包任务，实际上可以将这种情形解构成两个层次：第一个层次是公安机关与人民警察之间的公务员权利、义务、责任关系；第二个层次则是人民警察作为发包方将部分治安任务承包给其招募的组织或个人。多数时间，在领导（主导）者和发包方的行政压力下，承包方的意思自治难以满足，往往在"治安承包"过程中沦为"傀儡"，导致治安承包协议的合意性较低。然而，在"治安承包"的过程中，承包方是重要的参与主体，应当在理解其作用的同时予以规范，增强其在过程中的参与能力。此外，鉴于承包方的多样化，规定承包方的关键是要建立健全有关承包方的资格条件，明确承包人员的选拔机制，确保相关人员满足专业性和职业化要求。

5.2.1.4 监督方

几乎在所有的"治安承包"实践中，为了实现对承包方的监督性控制，其过程中的领导（主导）者和发包方都享有对承包的监督职能。因此，监督方是领导（主导）者和发包方的统合。在一般情况下，招标竞标程序、承包方的资格审查、治安承包协议的缔结以及履行等环节都是在领导（主导）者或发包方的监督之下，因而需要确保此类监督方在"治安承包"的过程中充分发挥监督作用。然而，由于"治安承包"基本由领导（主导）者或发包方开展，其作为监督方实质上落入了"自己监督自己"的窘境，可以考虑将一些外部中立的监督主体纳入"治安承包"的过程当中。

5.2.1.5 受益群体或受影响群体

就目前"治安承包"的实践模式而言，"治安承包"的过程除领导（主导）者、发包方和承包方的参与之外，几乎不见其他群体的踪影。然而，在特定的承包区域内，存在着大量所谓的"受益群体"和潜在的"受影响群体"。由于被排除于"治安承包"的过程当中，这些群体往往没有表达自己诉求的机会与平台，对治安承包协议的内容以及承包方的行动缺乏了解，对"治安承包"的效果也无法准确判断。在这样信息严重不对称的情况下，与这些群体利害相关的区域治安任务通常被毫不知情地承包给私人，而群体却经常被要求为"秩序与安全的提升"买单。事实上，所谓的"受益群体"和潜在的"受影响群体"的充分参与（可以选拔若干代表）是达成治安承包协议过程中必不可少的环节，同时对于"治安承包"过程的正当性有着重要的补充作用，他们的不同诉求应当置于透明的程序之中，在各方主体展开协商与对话的过程中予以着重讨论。

总之，由于"治安承包"的本质是社会治安权限任务在公私部门之间的重新配置，具有公权力作用的属性。在基于正当法律程序所构造的"治安承包"过程中，过程的正当性建立在领导（主导）者、发包方、承包方、监督方、受益群体或受影响群体等主体充分且有效的参与之上。只有在充分参与的前提下，方能进一步确定"治安承包"参与主体的行为规则及其各自作用。

5.2.2 "治安承包"的内容及其界限

5.2.2.1 "治安承包"内容及其界限的属性

解决了"治安承包"参与主体的问题，待其过程具体展开，承包的内容及其界限进而成为最为关键的问题。在秩序行政领域，由于国家垄断公权力的传统原则的制约，将代表国家公权力的治安事项承包给私人组织或个人的过程，显然与法律保留存在着明显的张力。在各种具体的"治安承包"实践过程中，究竟哪些事项可以承包，哪些事项不可以承包，直接影响"治安承包"以及承包方的行为活动的正当性与合法性。围绕"治安承包"的过程，对其内容和界限予以确定，将有助于指引其过程的有序展开，改善现实中的混乱状态。

在公私合作蓬勃发展的时代，国家的各种公共事务在公私部门之间不断发生着重新配置。治安事项也同样如此，随着时代的变迁与理念的革新，"治安承包"的内容及其界限也呈现出流变的色彩。例如，德国过去对于警察权这一高权事项的委任（授权性质的承包）是严格禁止的。在很长一段时期内，禁止将警察行政委托给民间予以私化是人们的共识。然而，面对财政状况恶化和犯罪增加的双重压力，德国开始将能够委任给民间的业务交给民间，而把警察力量集中在不可或缺的业务上。由此，私人辅助或代行警察行政等将权限委任给私人的现象逐渐增多。[①]至于何谓不可或缺的业务，也应当针对不同时期分别予以讨论。

例如，在不同历史时期中公民拥有的防卫权多寡需要结合当时所处的具体环境予以分析，而在社会治安形势严峻的时期，增强公民防卫权的同时也意味着私人组织或个人可以更多地参与到社会治安的防控任务

---

① 米丸恒治.私人行政——法的统制的比较研究[M].洪英,王丹红,凌维慈,译.北京:中国人民大学出版社,2010:152.

当中，这侧面说明了"治安承包"内容及其界限的流变属性。事实上，关于承包内容及其界限的划定，意味着警务专业化与社会化之间的平衡问题。过于专业化容易脱离公众，影响社会治安防控的整体效果，过于社会化又影响警务专业化的水平甚至容易滋生腐败，偏离公正执法轨道，各国警政（治安）策略经常在这两者之间反复摇摆。从现代国家成长的角度而言，国家既要达致公共权力的有效渗透，确保社会安全秩序，更要促进公民的政治参与，保护公民自由权利，从而强调警察打击犯罪是必须的，是绝大多数人自由权利的体现；社会力量广泛参与治安活动也是必要的，但参与范围、方式、限度以及与警察的伙伴关系都应当由法律明确规定。①

总之，"治安承包"的内容及其界限具有变动性。或者说，由于"治安承包"有助于缓解财政经费紧张、编制和警力不足等传统行政问题，其本身所具有的功能使其变得相对机动，可以针对不同时期的治安需要而发生扩张或限缩，进而导致不同时期的内容和界限也发生了相应变化。尽管存在变动性的困难，但"治安承包"的内容及其界限并非无法划定，其在某个特定的时期内是相对稳定的。譬如，在社会治安形势的压力背景下，充分、合理、有序地引导市场和社会的力量参与社会治安防控体系的建设可谓一条基本治安策略。对此，我国"治安承包"的内容及其界限也应当在新的时代背景下予以理解与界定。

5.2.2.2 "治安承包"的内容界限与界定标准

虽然"治安承包"多样化的实践模式源于"治安承包"这一极具理论张力的框架式概念，但这并非意味着全部的社会治安任务都可以承包或者不加限制地承包给私人。在"治安承包"的具体过程中，允许承包的内容及其界限一般可以通过承包内容的性质、承包的范围和程度、承

---

① 陆永.当代中国警政与现代国家成长[M].南京:江苏人民出版社,2015:序言5.

包事项在整个执法过程中所处的阶段、承包前后所产生的效果优劣等标准予以界定，它们构成了"治安承包"的基本界限。以下详细阐述这四个标准。

第一个标准，承包内容的性质，即可以承包的治安（警察）事务及其性质，这也是最为关键的标准。受到当前警察职能泛化和学理上长期关于"警察"概念的宽泛理解的双重影响，社会上关于"治安承包"的质疑往往是误认为公共部门（公安机关）将所有治安任务全部承包给私人，从而彻底放弃对社会治安应尽的职责和义务。事实并非如此，无论是大陆法系还是英美法系的警察法理论都秉承一点，传统上、本质上国家和政府的核心权力不得委任（承包）给私人行使。换言之，"治安承包"一般以国家和政府（警察）的核心权力作为其界限，在核心权力之外，还存在大量的非核心权力是可以通过委任或采取其他方式交由私人行使的。

那么，如何区分国家和政府的核心权力与非核心权力？公安机关的核心职能与一般职能又该如何划分？尽管所谓的核心权力可能随着现实的经济情况与社会情况发生变化，但在理论和实务上都有过不少划分的尝试。例如，有学者指出，警察委托行政的范围宜以非权力性事项为主，除去危害防止与犯行追缉工作，部分劳务性或服务性工作可以委由私人代为办理。[1]还有学者基于国家保留的理论，将警察事务划分为一般警察事务和严格警察事务，一般警察事务可以交由私人完成而不受国家保留的制约。[2]在英美法系国家，大多由实务部门完成对警察任务的区分。英国警察局长协会和皇家警队督察处于1993年将寻找失踪人、看护猝死者、为大型活动担任警卫、签发持枪证、经销酒类许可证、提供

---

[1] 许文义.警察委托行政之研究[J].警政学报,1992(1).

[2] 林昱海.警察任务民营化理论初探[J].月旦法学杂志,2003(11):56.

预防犯罪的咨询等警察任务概括为"边缘任务"，这些边缘任务应由警察负责但可以文职化或承包出去。美国律师协会则将认定犯罪分子与犯罪活动，在适当场合逮捕罪犯并参与其后的法庭诉讼程序等具有法律专业性和司法权属性的执法活动视为警察的核心职能，而将预防性巡逻、帮助有被害危险的人、保护受宪法保护的人、疏通人员与车辆、帮助生活不能自理的人、解决纠纷、创造并维护社区安全感、提供其他紧急情况下的服务等带有提供安全服务保护性质的警察职能视为可替代的边缘性服务职能。[①]无独有偶，我国《行政处罚法》《行政强制法》《保安服务管理条例》以及中央和地方关于警务辅助人员的各类规范性文件也都有从正面或侧面对警察的核心任务与非核心任务作出过界定。纵观既有规范内容，非强制性、服务性（公共服务社会化）、辅助性（规范上的"协助"规定）社会治安事务是可以承包给私人的。

在"治安承包"的实践模式中，基于非强制性、服务性、辅助性的标准，可承包的内容一般包括治安防范和部分不具有强制力的治安管理事项。一方面，治安防范可以一分为二，一是属于私权范畴的事项，如纠纷调解、举报或制止违法犯罪人员、对违反犯罪分子的正当防卫权、检举权、扭送权等；二是治安巡逻，治安巡逻又分为由在编警察人员组建的相对固定的专门性巡逻队伍，或是由抽调警力组成的临时性巡逻队伍，这两种情况仅限于专业警察权的行使；还有一种情况是由警察人员牵头组织、领导、指挥的群众性治安联防（巡防）组织。因此，治安防范包括治安巡逻中的治安巡防和治安巡逻之外的治安防范内容。另一方面，治安管理的内容只能涉及一些不带有国家强制力的事务，如户籍管理、暂住人口的登记和发证、房屋出租管理、治安调解、法治宣传等辅助性事务。

---

① 沃克.美国警察[M].公共安全研究所,译.北京:群众出版社,1987:153.

第二个标准，承包的范围与程度，即承包的社会治安任务是公共部门（公安机关）的全部任务还是部分任务。参考西方民营化的理论，按照民营化的程度可以分为实质民营化与功能民营化，前者系指将公共部门的全部任务交由私人部门承担，并由私人部门承担责任；后者系指仅仅由私人部门负责具体任务的执行，而效果和责任仍然由公共部门承担。在秩序行政领域，实质民营化受到严格的法律保留的控制，而功能民营化则存在一定的运作空间。结合我国"治安承包"的权力来源，法律预先通过明确规定或授权的方式将特定区域的完整治安职权（警察职权，包括核心与非核心职权）承包给私人的制度安排相当于实质民营化，而行政委托、行政助手则不同，前者只是相对独立地承包了相应的职权，但不得以自己的名义且不承担职权行为的后果，或者通常仅享有一些非核心职权；后者则通常在外观上只是协助公共部门（公安机关）完成一部分社会治安任务，不具有独立性，这两者相当于功能民营化。因此，除非有法律的明确规定或授权，否则公共部门（公安机关）不能将完整的治安职权全部承包给私人部门，可承包的内容仅仅涉及该私人部门能够替代或协助公共部门（公安机关）发挥承包之前的权力运作功能，但其本身不享有该职能。

第三个标准，承包事项在整个执法过程中所处的阶段。根据行政过程论的理论剖析，传统的行政法学过度偏重作为行政过程最终结果的行政行为，忽略了各个连续的行为形式之间的联系，仅仅从静态上定点地考察行政行为，但在现实的行政中，各种行为形式常被结合起来连续使用而形成作为整体的动态过程。[①]因此，行政过程论实际上要求人们将整个行政执法活动拆解为不同的阶段并予以法律构造。履行治安任务的行政执法活动同样是一个可以划分为多阶段的过程，与此同时，行政机

---

① 江利红.日本行政过程论研究[D].北京:中国政法大学出版社,2008:1.

关（公安机关）也随之将治安任务区分为事前、事中、事后的不同阶段性任务。在此基础上，尽管私人被禁止从事做出行政处罚、责任认定等终局性事项，但在事前、事中环节可以承担一部分走访了解、信息收集、证据采集、防卫警戒、维持秩序、协助管制等前置性、过程性、非终局性事项。换言之，属于终局性的治安任务构成了"治安承包"的明确界限。

第四个标准，承包前后所产生的效果优劣。我国"治安承包"的实践主要目的是解决公共部门（公安机关）过去难以有效维护社会秩序和安全的问题，应当以实用主义的思路考察"治安承包"的各种实践模式。基于社会实证调查，假使发现某些治安事项交由私人部门完成更能够发挥出应有的功能效果，那么就可以更多地考虑在该事项领域发挥私人部门的功能优势。相反，如果私人部门在实践中无法良好地完成"治安承包"的任务，那么就应当及时收回承包出去的治安任务，或者重新选择新的合适的承包方。因此，在一定时期内，"治安承包"的界限取决于其实践运行效果的优劣，如果发挥的功能效果良好，则承包的内容及其界限可以适当扩张；如果发挥的功能效果不佳，则承包的内容及其界限应当收缩。

5.2.2.3 "治安承包"的法律界限

观察既有法律的规定，"治安承包"的法律界限实际上也较为清晰，主要在法定身份和法定职权两个方面为发包方和承包方行为以及承包内容划定了界限。需要注意的是，由于基于法律授权的"治安承包"模式是将特定时空的治安权完全承包给私人组织或个人，承包方的权限与一般治安部门或警察人员无异，因而在此处的法律界限问题暂不讨论。

第一，以法定身份为界限，即承包的内容不包括将行政主体身份赋予私人组织或个人。根据我国《公务员法》和《人民警察法》之规定，负责履行国家公权力（治安权）的只能是通过国家统一招录程序的公务员（人民警察）。换言之，治安承包组织及其个人不可能通过承包成为国家公务人员，因而也不可能享有与国家公务人员同等的权力。

第二，以法定权力为界限，即承包的内容由法律明确规定，法律明确规定必须由国家公权力部门履行或禁止承包给私人的权限构成"治安承包"的法律界限。根据《人民警察法》第三十四条关于"公民和组织协助人民警察依法执行职务的行为受法律保护"之规定，可以承包给私人组织或个人的治安任务只能是具有协助性质的事项，或称为治安协助权。如何理解规范上的"治安辅助/协助权"，可以从法律法规上的正反面清单列举来界定。

正面清单列举：《治安保卫委员会暂行组织条例》规定了治安保卫委员会及其治安保卫人员可以承担扭送、调查、监视、检举、报告、教育、监督、协助维持秩序等治安事项，这些事项本质上属于国家赋予的公民权利。《保安服务管理条例》第二十九条规定保安服务公司及其保安人员可以从事在服务区域内查验证件、登记车辆和物品、巡逻、守护、安全检查、报警监控、维护公共秩序、及时制止违法犯罪行为、对制止无效的违法犯罪行为立即报警、采取措施保护现场等治安事项。

负面清单列举：根据《宪法》第三十七条第二、三款之规定，逮捕、拘禁、剥夺人身自由、搜查身体等基于国家强制力的权力事项禁止承包给私人。《人民警察法》第九条明确将当场盘问、检查权以及继续盘问的权力事项规定为公安机关人民警察享有，从而排除了私人承包的可能。《治安保卫委员会暂行组织条例》禁止治安保卫委员会及其治安保卫人员承担审讯、关押、处理、逮捕、扣押、搜查、取缔、拘留、处罚、驱逐、变更或处理现场等治安任务。《保安服务管理条例》禁止保安人员限制他人人身自由、搜查他人身体。另外根据《消费者权益保护法》第二十七条，保安人员作为"经营者"的延伸部分，不得搜查消费者的身体及其携带的物品，不得侵犯消费者的人身自由。

梳理以上正反面清单，"治安辅助/协助权"以一般公民都普遍享有的权利和义务（如扭送、检举、报告等）为内容与界限，通常侵权程度较低，不直接影响行政相对人的权益。因此，诸如行政处罚、行政强制等对相对人权利义务直接产生影响的行政决定显然是"治安承包"的法律界限。至于调查权、检查权是否可以承包，《人民警察法》《治安保卫委员会暂行组织条例》《保安服务管理条例》有着不同的规定，前者明确规定只有人民警察才享有检查权，而后两者则规定治安保卫人员或保安服务人员可以在特定区域内开展调查、检查的活动。这就需要对调查、检查权予以细分，人民警察在履行调查、检查权的时候，享有进一步的强制权，而治安保卫人员或保安服务人员则不享有进一步的强制权，一般仅可以禁止相关人员进入特定的防范区域，并向有关部门及时报告情况。

5.2.3 "治安承包"过程中的利益配置

萨瓦斯关于民营化动力的分析反映出民营化过程中不同主体的多元化利益诉求，他认为，政府的利益诉求是通过民营化这一务实的政策使其回到掌舵者的位置上，依靠私营部门划桨，从而缓解财政压力、提高工作效率；民众的利益诉求是在政府所能提供的基本物品和服务之外，还能够满足其各种新的需求；私人部门的利益诉求是通过市场机制下的自我创新满足民众的各类需求，从而获得更好的发展前景。[①]与此类似，"治安承包"的过程是公私部门围绕社会治安领域事项展开的重新配置，同样存在公众利益、公共部门的利益、私人部门的利益之间的相

---

① 萨瓦斯.民营化与PPP模式:推动政府和社会资本合作[M].周志忍,等,译.北京:中国人民大学出版社,2015:5-12.

互博弈。在承包之前，公共部门独立承担一切治安任务时，需要维持和管理层级系统的费用，此时存在官僚制（科层制）的成本；而公共部门将部分治安任务承包给私人部门的过程，需要支付聘用、管理或监督的费用，此时产生交易成本。官僚制（科层制）的成本和交易成本之间的相对值决定了安排和生产功能分开是否值得。[①]在承包之后，公共服务的承包商往往更加关注标的和利润，而非对公共产品广泛的道德关注，导致私人的逐利性与公共服务的公益性之间产生了难以调和的矛盾。[②]由于政府（公安机关）推行"治安承包"的目的是为民众提供更好的社会秩序与安全，私人的逐利性与公共服务的公益性之间的矛盾也成为"治安承包"过程中的需要解决的问题。

由于"治安承包"实践模式的多样性，还需要结合不同实践模式中的利益问题分别予以澄清。在基于法律授权的"治安承包"模式中，由于特定区域内的治安任务及相应权限已经完整地承包给了营利性的私人部门，其费用来源于所有进入特定区域的人员，定价方式则遵循市场机制。公共部门从该特定区域全面退出，与社会民众一同享受由私人部门所提供的秩序与安全。由于该模式一般有法律的明文规定，因而较少出现难以配置利益的问题。在基于行政委托的"治安承包"模式中，公共部门按照行政委托的方式将特定区域的治安防范任务和一部分治安管理任务承包给私人部门。在该模式中，费用通常都由受益民众承担，定价则通常遵循市场机制。然而，笔者却认为此种情况需要具体问题具体分析。当公共部门（公安机关）作为发包方时，应由该部门自己承担相应

---

① WILLIAMSON O E, Transaction-Cost Economics: The Governance of Contractual Relation[J]. Journal of Law and Economics, 1979, 22(2):233-261.

② 骆梅英.从"效率"到"权利":民营化后公用事业规制的目标与框架[J]. 国家行政学院学报,2013(4):78.

费用。原因在于，这种情况下公共部门提供的依然是基本公共治安服务，费用应当在纳税时即已扣除，不能让民众二次付费。当村（居）委会性质的基层自治组织作为发包方时，特定区域内的民众所享受的治安服务一般高于传统上由公共部门（公安机关）提供的基本治安服务，因而可以由所在区域的民众交纳一定费用，在必要的时候由公共部门给予一定补贴，定价方式则在遵循市场机制的基础上与承包区域内的民众充分协商后确定。在基于行政助手的"治安承包"模式中，通常由公共部门（公安机关）负责招录并与相关人员签订聘用合同，费用由公共部门（公安机关）承担，定价则按照有关规定执行。在基于行政委托或行政助手的模式中，私人组织或个人对于营利或收入的追求显然与公共部门承包治安任务的公共服务目的存在张力，可以尝试通过良好的绩效考核制度将公共治安的实际效果与私人组织或个人的业绩结合起来，实现私人逐利性与公共服务公益性的统一。在基于自愿或政治哲学意义上的契约的"治安承包"模式中，私人部门受到自我满足、自我价值的实现或社会自愿组织的目的和宗旨的驱动，义务承担起治安防范和小部分治安管理的任务。此时，私人的逐利性缩小至零，与公共服务的公益性实现了统一。

总之，成本（费用）和收益（受益）构成了"治安承包"利益配置问题的两个维度。前者包括实行"治安承包"的费用来源和承担主体、承包费用的定价方式等问题；后者涉及公共部门、私人部门以及社会公众在"治安承包"过程中的收益（受益）问题。需要注意的是，由于很难确定特定区域内治安的合理供给量，其成本也难以估计。在"治安承包"的过程中，需要多少治安力量难以确定，也没有可靠的方法来计算这些治安力量能够提供多少秩序与安全。与此同时，民众对于是否需要或需要多少私人部门的力量参与完成治安任务并不享有选择权。因此，在需要由民众额外支付费用的情况下，必须依靠政治过程（即类立法的过程）来决定应该生产多少集体物品、如何分配集体物品以及每个使用者该付多少税，而不是完全依赖市场机制。[①]

5.2.4 "治安承包"过程中的责任配置

当公共部门（公安机关）将治安任务承包给私人部门之后，究竟如何追究承包之后的行为责任，或者说由谁来承担承包之后的责任，需要结合各个参与主体之间的责任情况提前予以明确分析，从而在"治安承包"过程的后端构建起责任承担机制。传统理论认为，公法规则至多适用于行政协议（包括行政私法合同和行政主体隐身的合同）的缔约过程，但协议（合同）主体的权利、义务以及责任承担则是私法规则处理的问题。[②]这种带有普遍性的观点及其后续的实践状况（例如承包方选择过程的不合理、承包协议的不规范、政府后续监管的不到位等）引发了诸如"公法向私法逃遁""国家和政府责任退却"等一系列担忧。在秩序行政领域的公私合作模式中，私人部门参与执行行政任务的活动更加容易导致公民基本权利的减损，因而这种担忧得到进一步加深。事实上，当原本由国家承担的活动通过私化而授权给民间后，并非意味着国家使命的终结，国家不能通过公私协作的形式逃避责任的承担。[③]如何在"治安承包"的过程中明确公私部门之间的责任配置问题，将消解人们长期以来关于公共部门（公安机关）将治安任务承包给私人的质疑（所谓公共部门放弃自己的治安任务），也有助于反思之前所提出的"后民营化"时代下公共部门应当承担怎样的监督义务和责任问题。基于

---

① 萨瓦斯.民营化与PPP模式:推动政府和社会资本合作[M].周志忍,等,译.北京:中国人民大学出版社,2015:54.

② 杨欣.民营化的行政法研究[M].北京:知识产权出版社,2008:170.

③ 杜仪方.公私协作中国家责任理论的新发展——以日本判决为中心的考察[J].当代法学,2015(3):39-49.

此，在"治安承包"的过程中，公私部门之间的责任关系需要予以理性重构。

在"治安承包"之后，有部分治安任务虽然交由私人部门（协助）执行，但国家和行政机关在治安领域显然不可能全面退却。它们通过对私人部门的监督、检查以及保证专业与职业素质实现了从原本单一的执行责任转向更具张力的保障责任。①保障责任的内容十分丰富，它既包括监管责任，这是卸下部分执行责任之后公共部门的职责重心，也包括担保责任或国家担保责任，即国家、政府应在公私合作模式（治安承包）的运作过程中承担相应的担保责任。②近年来，公私合作或者说民营化之后由国家承担担保责任的观点已普遍得到接受，国家担保责任在本质上体现了一种关于任务分配与责任分摊的公私合作样态。有学者以公私合作之后私人部门是否行使公权力为标准区分了三种情形，这三种情形恰好与"治安承包"过程中的承包内容性质的类型相契合。第一种是私人属于授权行使公权力的，该私人承担国家责任；第二种是私人属于委托行使公权力的，由行政机关承担国家责任；第三种是不涉及公权力行使的国家责任，国家责任表现为行政机关负担保责任。③还有学者根据担保的不同内容和手段，将国家担保责任进一步类型化为国家管制、监督和接管责任，前者重在对私人行为的引导和预防，中者重在对私人不良行为的监督和控制，后者则重在对管制和监督失灵时的补充或

---

① 朔尔茨.法治国家和行政法:连续性和活力.法制国家现代化[R]."德国国家行政管理经验及中国的前瞻"研讨会德方讲稿译文,2000.

② 邹焕聪.论调整公私协力的担保行政法——域外经验与中国建构[J].政治与法律,2015(10):142.

③ 陈军.公私合作执行行政任务的国家责任探析[J].西部法学评论,2016(1):37.

补缺。①总之，鉴于"治安承包"是公私部门围绕社会治安领域事项展开的重新配置，双方之间的责任关系也随之重构，公共部门（公安机关）在承包之后并非完全逃避其责任。相反，保障责任或担保责任意味着公共部门（公安机关）责任的全面升级，除了为"治安承包"提供良好的政策环境、法律框架以及确保正当化的过程之外，应当更加重视对承包方活动的引导与指导，建立常态化的观察、监督与考核机制，同时完善公私部门之间的工作衔接机制，明确具体的公务人员（警察）在管理和使用特定治安承包组织或个人时的责任分配关系，在必要的时候及时弥补承包方活动的不足并承担担保责任，从而实现对私人承包方的监督性控制。

此外，由于"治安承包"的实践模式是社会治安治理思路下的创新举措，其本质上属于国家和政府治理的范畴。因此，在"治安承包"的实施过程中，应当促使公共部门（公安机关）主动、自觉地承担起回应社会关于"治安承包"的各项诉求的责任，将承包方完成社会治安任务的活动纳入政府问责的内容框架之内，促成公众舆论监督与行政内部追责相结合，最终形成以对外回应性的责任方式为主导的常态化行政问责机制。②

---

① 杨彬权.论国家担保责任——担保内容、理论基础与类型化[J].行政法学研究,2017(1).

② 余凌云.对我国行政问责制度之省思[J].法商研究,2013(3):92.

5.3 "治安承包"理想模式的法制化建构

5.3.1 基本思路：统合提升"治安承包"的既有规范

由于公私合作（或者说民营化）在我国仍然处在改革的探索阶段，即使是较早受到关注的给付行政领域的公私合作实践也缺乏统一、系统的规范指引。有学者以公用事业特许经营立法为例，指出我国公用事业改革领域相对缺乏一部高位阶的法律进行规范，低位阶的规范之间存在不统一、衔接性较差的问题。①有关"治安承包"的既有规范也存在同样的问题，长期以来我国的"治安承包"实践不乏政策性、合宪性与合法性的规范支撑，从中央的大政方针到具体的宪法、法律，都可以探寻到有关"治安承包"的组织、行为、监督、救济的规定。然而，由于"治安承包"并未被立法者接受为一个严格的法律术语，因而未能够在既有规范中找到直接的对应，既有规范难以形成严密的规范体系，相关制度也呈现出碎片化的特点。加之"治安承包"实践模式的多样性，立法不统一、相关法律规范之间衔接性较差等问题更为凸显。具体来说，当下我国"治安承包"的"权力"来源、内容界限、行为模式、监督方式等内容主要来源于《行政处罚法》《行政强制法》《行政许可法》《人民警察法》《民用航空法》《海商法》《治安保卫委员会暂行组织条例》《保安服务管理条例》等法律法规的分散式规定，"治安承包"的协议过程则依赖于《民法典》《政府采购法》《招标竞标法》的规定，"治安承

---

① 章志远.民营化、规制改革与新行政法的兴起——从公交民营化的受挫切入[J].中国法学,2009(2):22.

包"的救济途径则需要判断选择适用行政诉讼或民事诉讼的不同法律规范。

对此，统合"治安承包"既有规范的基本思路可以分为三个步骤。第一步，明确"治安承包"的制度定位，推动相关立法，目标是将大量的政策性文件转化为更具可操作性的法律规范指引。第二步，在时机成熟的时候推动相关规范性文件进一步整合升级，特别是将社会治安领域的公私合作模式纳入较高位阶的法律调整范围或者针对"治安承包"的几个典型实践模式分别在法律层面予以明确，弥补既有规范的不足与空白，特别是确定"治安承包"的内容及其法律界限。第三步，将行政程序立法的思路注入"治安承包"的全过程之中，并注重对承包之后的规章制度设计，包括规制体制的健全、规制权力的合理配置、规制目标的正确选择、规制手段的灵活运用以及有效的争端解决机制等。

总之，统合提升"治安承包"既有规范的努力有助于在法律层面进一步澄清"治安承包"的法律依据、承包方的权力来源、承包的范围及其界限、承包协议的性质、承包过程的程序规则、不同角色的权利义务及责任分配、纠纷解决及救济制度等制度细节，明确治安领域中公共部门与私人部门之间、公共部门之间、私人部门之间的行动逻辑，推动"治安承包"这一极具我国本土色彩的公私合作模式从过去的运动式、临时性的策略转向法治化、常态化的制度实践。这是"治安承包"理想模式朝着制度化、规范化、法治化发展的必由之路。

5.3.2 具体路径："治安承包"理想模式的制度构建

前述已经说明，"治安承包"的理想模式是在对"治安承包"过程展开合理构造的基础上形成的。关于"治安承包"过程的法律构造通常解决了组织和行为层面的问题，属于偏前段的问题，而相应的制度构建则需要解决组织、行为、监督、救济的全过程问题，特别是弥补过程构造难以解决的后段救济问题。正如西方学者将"成熟的规制"定义为制定规则、监督检查、执行与制裁这一个动态连续过程①，"治安承包"理想模式的制度构建也应当在过程分析的基础上，针对"治安承包"过程的事前、事中、事后不同阶段进行连续性的具体制度设计。

5.3.2.1 事前制度设计

无论"治安承包"的推行是基于法律授权，还是行政委托，抑或是行政助手，甚至是基于自愿行为的组织及个人，都需要在事先确定究竟哪些私人组织或个人可以成为治安任务的私人承包方，这些组织或个人是否符合相应的资质或者具备参与协助治安任务的资格和能力，最终符合要求的私人组织或个人是通过何种程序产生的，对于以上问题的回应指向了私人承包方准入机制的设计。一般而言，设计准入机制需要包括实体和程序两个方面的要件。就前者而言，需要明确规定私人承包组织或个人满足何种资格或能力方能进入治安承包方的备选范围；就后者而言，需要明确必须通过何种程序方能在众多符合条件的备选者中筛选出最佳的承包方。以下就实体和程序要件分别展开叙述。

5.3.2.1.1 规定承包方的实体要件

实体要件的设计需要区分私人组织和个人，私人组织主要包括市场组织和社会组织，个人则包括单一个人和市场组织、社会组织中的个人。一般而言，私人组织要符合设立的基本条件，市场组织一般以公司为主要形态，需要通过注册并获得相应许可，社会组织也需要在民政部门登记注册。换言之，私人组织必须依法设立是一个前提条件。在依法设立之后，基于法律授权的治安承包方的要件由法律明确规定，例如关于民用航空公司及其机长、航运公司及其船长的若干规定，此处暂不赘述。另外，《行政处罚法》第二十一条规定了受委托组织必须是依法成

---

① 哈洛,罗林斯.法律与行政[M].杨伟东,译.北京:商务印书馆,2004:566.

立的管理公共事务的事业组织，具有熟悉有关法律、法规、规章和业务的工作人员，有条件组织进行相应的技术检查或者技术鉴定。可见，基于行政委托的治安承包方还需要满足《行政处罚法》的一般规定。

除此之外，由于治安任务的特殊性，欲成为治安承包方，还需要围绕参与执行治安任务的私人组织或个人设计特殊的实体要件。观察我国"治安承包"的实践状况，保安公司是较为常见的市场组织，群众性治安保卫组织、治安志愿者组织等是较为常见的社会组织，而警务辅助人员则是较为常见的个人。具体而言，保安公司的活动主要由《保安服务管理条例》调整，其中关于保安公司及其保安人员的实体条件规定较为丰富。例如，第八条就对于保安服务公司的注册资本、法定代表人、主要管理人员、专业技术人员、组织机构、管理制度等作出了一般性规定。在一般性规定之外，第十条对于从事武装守卫押运服务的保安服务公司的注册资本以及国有资本所占比重、守护押运人员、专用运输车辆、通信报警设备等作出了特殊性规定；关于保安服务人员，第十六条在年龄、身体状况、品行、学历、国籍、业务素质等方面进行了规定，并在第十七条规定了有关保安服务人员的禁止性实体条件。群众性治安保卫组织的活动由《治安保卫委员会暂行组织条例》调整，其中关于治安保卫委员会的委员人选已经规定了初步的实体条件。例如，第四条就规定了治安保卫委员会的委员应当符合历史清楚、作风正派、善于联系群众、热心治安保卫工作的要求。近年来，各地关于警务辅助人员的制度改革也包含了丰富的实体要件规定，主要涉及对相关人员的年龄、身体状况、思想品德、学历、专业、业务知识水平、语言能力等，此外也包括无犯罪记录等禁止性规定。

事实上，无论是私人组织抑或是个人，实体条件的设计归根结底将体现到个人的资格和能力要求之中。因此，今后可以考虑将来自市场、社会领域的所有治安承包组织及其个人的实体要件在法律层面予以统一，将公务人员之外的所有协助完成治安任务者的资格、能力、素质等要求予以标准化，从而解决承包方的多样性导致的标准不一致和人员参差不齐的问题。

5.3.2.1.2 规定产生承包方的程序要件

由于治安承包方的活动涉及公共秩序和安全，其背后存在公权力的作用，因而私人组织或个人的产生应当经历公开、公正、公平的程序，从而在潜在的治安承包方之间营造良好的竞争环境，提升其承包之后的工作能力。然而，由于以往关于治安承包方产生的程序要件的缺失，大多数承包方实际上隶属于公共部门（公安机关），相互之间存在利益输送，再加上科层制下的低效，变向排除了其他市场或社会主体的进入。事实上，"治安承包"需要私人承包方的多样化，从而以确保承包方在竞争的压力下提升行动效率。因此，筛选合适承包方的过程需要嵌入正当法律程序，公共部门应及时公开与待承包的治安任务有关的全部信息，保证有足够多的潜在承包方能够加入到该程序当中，并且接受人民群众（特别是受影响的群众）的监督。观察实践中的做法，各地关于警务辅助人员的招录规定已经逐渐趋同于公务员的招录，基本贯彻了公开、平等、竞争、择优的招录原则。今后公共部门（公安机关）对于市场、社会组织的选拔也应当吸收正当程序要件，并且要求市场、社会组织内部人员的挑选也经历类似的程序过程，从而确保治安承包方能够真正完成相应的治安任务。

5.3.2.2 事中制度设计

公共部门对于私人部门的监督性控制措施更多地展现在事中环节，"治安承包"也同样如此。一般而言，在行政法体系转型的过程中，行政的合法性既要求符合以法教义学/法释义学为逻辑前提的合法律性，也

189

要求顾及以法政策学/社科法学为逻辑前提的合目的性。①在"治安承包"的过程中，合法律性与合目的性的双重要求也随着"治安承包"的推行传递到了私人承包方身上，即承包组织或个人的活动、行动同样需要兼顾合法律性与合目的性的要求。公共部门（公安机关）必须对承包方采取有效的监督和规制措施，要求其在法律的框架内开展活动，以防止公民的基本权利遭到私人承包组织或个人的不法侵犯，同时确保私人组织或个人能够有效地完成相应的治安辅助任务，为社会公众提供持续且优质的治安服务。

5.3.2.2.1 契约型监督与规制模式的制度化

据学者观察，当下有关公私合作的规则体系包含了法律、政策、指南、合同等规则工具。②前述已经在政策性与合法性分析的过程中探析了公共部门与私人部门之间的监督与被监督的关系以及具体监督措施的规范依据，此处不再赘述。需要注意的是，在政策与法律法规的指引之外，"治安承包"的推行过程通常伴随着治安承包协议的缔结，任何一种"治安承包"实践模式都意味着公共部门（公安机关）与私人部门之间达成某种承包治安任务的协议。换言之，公共部门（公安机关）的监督与规制活动实际上往往通过与私人承包方达成监督与规制的契约来完成。因此，除了将既有的政策转化为法律规范或是进一步弥补既有法律的不足等立法化的努力，还应当将公共部门（公安机关）的契约型监督与规制活动纳入制度框架，即考察公共部门（公安机关）具体的监督与规制活动，并针对这种契约型监督与规制模式进行制度设计。

---

① 沈岿.监控者与管理者可否合———行政法学体系转型的基础问题[J].中国法学,2016(1):103.

② 喻文光.PPP规制中的立法问题研究——基于法政策学的视角[J].当代法学,2016(2):77.

契约型监督与规制模式具体表现为公共部门（公安机关）对承包方的监督和规制主要通过双方协商缔结协议（合同）来完成，所缔结的协议（合同）内容通常应当包括公私双方的权利义务条款、费用条款、任务条款、时间条款、绩效考核与奖惩条款、争端解决机制条款等。治安承包协议（合同）的核心在于公私部门之间权利义务的准确界定。其中，公共部门（公安机关）的基本权利包括监督合同履行权、制裁权、组织评估权、单方变更解除合同权等；主要义务包括保障义务、补偿义务和赔偿义务等。承包组织或个人的基本权利包括治安协助权、请求权、补贴权、补偿权和赔偿权等；主要义务包括合同正确履行义务、提供不中断普遍服务义务、接受监督义务等。此外，治安承包协议（合同）还至少应当对受影响的公众知情权、参与权及监督权做出明确规定。在缔约之后，公共部门（公安机关）主要基于协议（合同）的具体条款来完成其监督与规制任务。根据行政优益权的传统理论，公共部门（公安机关）出于维护公共秩序与安全的公益目的，通常在治安承包协议（合同）缔结过程中享有行政优益权，主要表现为签订合同选择权、执行过程指挥权、单方解除合同权力、违约行政制裁权等[1]，并将大量的公法义务附加给私人承包方。然而，时至今日，传统的公益优先理论日益面临契约伦理的挑战。[2]由于行政优益权行使缺少统一的标准和程序，导致治安承包协议中权利义务配置不合理的现象时有发生，例如公共部门（公安机关）对私人组织或个人设置不合理义务，或者在私人组织或个人拒不履行义务时缺乏有效的监督与规制手段。因此，在整体打

---

① 章志远.行政任务民营化法制研究[M].北京:中国政法大学出版社,2014:103.

② 林泰,杨靖文.司法权视野中的行政合同——以"行政优益权"为基础的分析[J].理论月刊,2011(7):112.

造契约型监督与规章制度的同时，还需注意将其中所伴随的行政优益权作用予以制度化，嵌入正当法律程序的要素，明确行政优益权的启动程序与标准，在必要的时候也可以发挥中立第三方对于治安承包方的监督与规制作用。为了配合契约型监督与规制模式的有效展开，还可以在协议（合同）内容中增加以职业化、专业化为导向的指导与培训条款，形成对承包方的指导和培训制度，从而改善治安承包组织的人员结构，提升业务素质和职业素养，并通过设定相关标准（从命令服从式的标准转向契约协商式的标准）与操作规程的方式规范承包组织及其个人的行为活动，提升其执行治安任务的质量，例如，对治安承办人员颁发证件、统一着装，进行军事化或警务化的管理、培训以及日常训练等。此外，还需要对作为监督与规制者的公共部门（公安机关）本身进行"再规制"，即规范其自由裁量权，防止其任意以民营化（如"治安承包"）的形式逃逸自身的责任，并确保其规制活动合法、有效。①

目前，契约型监督与规制模式已有了一定的制度支持。例如，财政部制定的《政府购买服务管理办法》第二十六条之规定，"承接主体应当按照合同约定提供服务，不得将服务项目转包给其他主体"，并且以第六章专章形式规定了"监督管理和法律责任"，将承接主体纳入了融合财政、审计、社会以及服务对象的监督体系。除此之外，契约型监督与规制模式的制度化还可以从正当法律程序的构建、公私部门之间的责任衔接等方面作进一步的努力。当然，契约型监督与规制模式的具体规则也不是一成不变的，基于"治安承包"的特殊性，可以根据其不同的实践模式在监督与规制的密度上作出一定的区分。一般而言，在私人组织或个人以被授权者或被委托者的身份参与执行治安任务时，其在形式

---

① 高春燕."民营化时代下的中国行政法"学术研讨会综述[C]//胡建淼.公法研究（第四卷）.杭州:浙江大学出版社,2005:421-422.

上已经脱离了公共部门（公安机关）的直接控制，此时的监督与规制密度应当增加；相反，在私人组织或个人以行政助手或自愿形式参与执行治安任务时，前者已经在公共部门（公安机关）的直接领导和监督之下，可以适当地降低监督与规制的密度，而后者则基于相对分散的公民权利和义务或政治契约理论中的权利让渡与保留理论，也可以相应降低监督与规制的密度。

5.3.2.2.2 公私部门任务衔接机制的制度化

公共部门（公安机关）将治安任务承包给私人组织或个人，是否意味着对其自身所系的社会治安职责的放弃？并非如此。尽管在公私合作（民营化）的整体研究视野下，更多依靠民间机构、更少依赖政府来满足公众的需求似乎是其总体方向。[①]但至少就秩序行政领域而言，由于当下公共部门提供的治安服务本身无法满足社会民众对于秩序与安全的需求，因而实现良好的治安状况显然不应是减少对政府的依赖，而应是在增加市场和社会作用的同时，维持和改进政府的作用。换言之，"治安承包"的推行，仅仅说明私人部门可以参与协助社会治安任务的完成，但并非意味着政府治安职责的全部让渡。然而，关于公私部门在"治安承包"之后的任务衔接机制的构建长期被忽视，这或许也是引发人们质疑公共部门（公安机关）通过"治安承包"的方式逃避自身责任的一个重要原因。因此，在确保政府责任与私人责任有效衔接的背景下，有必要形成公共部门（公安机关）与承包组织或个人之间的任务衔接机制并予以制度化，特别是由于受到"治安承包"界限的制约，如何解决承包事项与非承包事项之间的衔接问题尤为重要。事实上，公私部门之间任务衔接机制的有效形成，实质上也可以起到对作为监督与规制

---

① 萨瓦斯.民营化与PPP模式:推动政府和社会资本合作[M].周志忍,等,译.北京:中国人民大学出版社,2015:3.

者的公共部门（公安机关）本身的再规制作用。

回溯我国"治安承包"的研究历史，有不少学者曾注意到这一点，他们基于处理专门机关与治安承包方之间关系的前提对两者的工作衔接机制进行了讨论。例如，有学者认为："治安承包方在政法机关和人民群众之间起到桥梁和纽带作用，来自群众之中的群防群治队伍，具有人头熟、情况明、工作便利的优势，能把党和政府以及政法机关的要求贯彻到群众之中去，又能及时准确地收集、反映社会治安的信息动态，检举犯罪线索，保护犯罪现场，协助公安机关就地查破案件，协助公安机关动员和组织群众参加治安防范，及时控制、防范违法犯罪活动。"①还有学者提出："各地治安组织一旦发现现行案件，一方面迅速组织群众保护现场，及时向公安机关报案；另一方面发挥地熟人熟的优势，及时收集提供各自犯罪线索，协助公安机关开展侦破工作。"②这一思路是正确的，欲在公私部门之间构建起治安任务衔接机制，确实应率先理顺两者的关系问题，再解决两者的衔接问题。过去公私部门之间的关系被认为是协助与被协助的关系，随着公私合作的推动，这种协助关系现在已经逐渐升级为合作关系。尽管存在概念上的细微差异，但只有在明确协助或合作关系的基础上方能更好地考察公私部门关于完成治安任务的衔接机制。

当前，我国公私部门之间关于完成治安任务的衔接机制系通过构建社会治安防控体系来实现的。在新时期的立体化社会治安防控体系下，社会治安治理工作的治理模式由平面型转向系统型、治理权限由国家垄断转向公民参与、治理方式由法律的事后控制为主转向社会的事前预防

---

① 刘兴奇.关于群防群治工作的探索[J].公安大学学报,1992(4):39-40.

② 宣安.从江苏射阳县看如何加强农村治安组织建设[J].政治与法律,1987(6):59.

为主。①基于这一思路，治安承包组织和个人在公共部门（公安机关）的统一组织和协调下，形成了严密的治安防范网络。这张网覆盖面极其广泛，从城市、城郊到农村，从政府机构、事业单位到公司、企业，从公共复杂场所、繁华地段到私人会所、宾馆，从公路、铁路到港口、航站，公私部门在无数个区域建立起了治安任务衔接机制（最典型的是警民联动机制）。私人组织或个人可以向政府机关及时报告现场的紧急情况，提供违法犯罪的线索和证据，扭送违法犯罪嫌疑人，协助有关部门调查案件，组织巡逻、守卫以维护特定区域的秩序等。具体而言，治安承包组织或个人遇到紧急情况或难以处置的问题时，要立即报警；遇到可疑人员或可疑车辆可以盘问，若发现怀疑属实必须立即通知公安机关并交由人民警察处理；严禁殴打、拘禁违法犯罪嫌疑人员；严禁从事与治安防控无关的工作（如抓嫖抓赌等）；一般不得进入室内，只能在公共路面进行治安防控，对街面正在实施作案的违法犯罪嫌疑人员进行现场抓捕，但其自身没有对违法犯罪嫌疑人员进行审查、处罚或其他的权力，在抓捕之后必须立即与片区的人民警察联系或拨打110报警电话，再由人民警察将违法犯罪嫌疑人员带回公安机关处理。在理论研究和实践运作的火热背景下，作为联结公共部门与私人部门之间任务的社会治安防控体系目前在法治层面尚存立法支撑不足、法律定位模糊、执法权威不够、法律监督薄弱等诸多问题，应当运用法治思维和法治方法来引领该体系的建立、运行与完善②，从而实现公私部门之间的治安任务衔接制度化。在具体的制度设计中，可以考虑在公务人员（警察）与治安

① 王晓滨,张旭.创新立体化社会治安防控体系研究——以结构功能相关律为关照[J].北方法学,2015(2):47.

② 王建新.社会治安防控体系法治保障研究[J].中国人民公安大学学报（社会科学版）,2015(2):97.

承包人员之间搭建一种"点带面"的关系。无论是内部承包的警务辅助人员，还是基于法律授权、委托或是自愿性质的治安人员，都可以尽可能地在他们之间形成一个公务人员（警察）对应一名或多名治安承包人员的"点带面"关系。这种"点带面"的关系必须相对固定，不能随意变换。①治安承包人员在协助执行治安任务时必须持证上岗，在证件中标明自己处在哪位警察的指挥与监督之下。特别是在协助做出可能减损相对人权利的行为时，应当对相对人说明其参与执行的具体任务来自哪位警察的指派或是接受哪位警察的监督。在相对人不在场的情形（如协助贴条、告知单等），也应当在单据的显著位置予以标注。这种"点带面"关系也有助于绩效考核机制、后续的责任承担机制以及问责机制的有效实施。

5.3.2.3 事后制度设计

经历了"治安承包"的事中阶段，事后阶段的制度设计亦至关重要，后者与前者的制度实施息息相关。事中的绩效考核机制最终指向事后的责任追究机制以及退出机制，事中关于双方纠纷解决与救济机制的约定最终指向事后的各种纠纷解决与救济方式。因此，应当针对"治安承包"的事后阶段展开制度设计，完善治安承包方的退出机制，在争议解决机制中明确围绕"治安承包"的司法救济制度，并确定"治安承包"的责任追究机制。

5.3.2.3.1 承包方的退出机制

关于治安承包方的退出机制，既可以在事前的准入机制中附带规定，也可以在事中的契约型规制与监督模式中予以规定。当然，作为事中的绩效考核机制的一种结果，其亦属于事后阶段制度设计中的重要环

---

① 徐肖东.交通协管员参与执法的定位及限度——由违法停车告知（提醒）单而引出的话题[J].山东青年政治学院学报,2017(2):92.

节。退出机制的启动取决于两个要件，一个是法律规定，一个是治安承包协议中的条款。实践中，如果治安承包组织或个人违反了法律规定的禁止性内容或者违反、无法达成治安承包协议的约定，就可能面临退出的风险，具体表现为公共部门（公安机关）单方撤销与治安承包组织的协议，或是辞退治安承包人员。问题在于，治安承包协议（合同）系公共部门与私人部门之间关于社会治安权限与任务的重新配置，涉及公权力的作用，属于行政协议的范畴，其形式上是对私人承包方的"赋权"行为。私人承包方基于这样的"赋权"行为将形成合法的预期利益。根据行政法上的"信赖保护原则"，当行政相对人对行政行为形成值得保护的信赖时，行政主体不得随意撤销或者废止该行为，否则必须合理补偿行政相对人信赖该行为有效存续而获得的利益。①更为重要的是，可以透过此项原则解读出对现代行政的诚实信用、不含偏见和行为连贯性等基本要求，或者说一种行政理性的要求。②晚近以来，信赖保护原则为我国行政法上的诚实信用原则所吸收，所有的行政行为实质上都需要具备"善意""诚实""守信""信任"等要素。③基于上述理论，在治安承包协议（合同）中所贯穿的信赖保护原则（或诚信原则）将提醒公共部门（公安机关）更为审慎地对待治安承包协议（合同）的撤销问题以及治安承包方的合法预期利益问题。

因此，在设计承包方的退出机制时，也应当明确实体和程序要件，控制公共部门（公安机关）的恣意。实体要件可以区分一般性实体要件和特殊性实体要件。前者以法律的禁止性规定为标准，一旦治安承包组织或个人出现违法犯罪行径，则严格适用退出机制。后者可以在治安承

---

① 应松年.行政法与行政诉讼法学[M].北京:中国人民大学出版社,2009:35.

② 莫于川.论行政指导的立法约束[J].中国法学,2004(2):46.

③ 杨登峰.行政法诚信原则的基本要求与适用[J].江海学刊,2017(1):133.

包协议内容的缔结过程中结合绩效考核机制加以确定，一般在治安承包方存在故意或重大过失的情况下可以适用退出机制。与此同时，由于退出机制将决定现有的治安承包方是否能够继续承担相应的治安任务，将对特定区域内的公共秩序与安全产生影响，实质上可能导致对公共利益的重新配置，因而在设计程序要件时也应当与准入机制类似，嵌入正当法律程序的要求。公共部门（公安机关）以及受影响的群体都可以成为退出机制的发起人，但在做出退出决定之前，需要允许各方充分对话，倾听各方意见（包括治安承包方），综合所有意见形成最终的决定。此外，在对治安承包方采取退出机制之后，只要该治安承包方已经承担相应责任，仍然可以给予机会重新准入的可能，但应当针对该治安承包方设计更为严格的实体要件，确保其提供服务的质量。

5.3.2.3.2 争议解决与司法救济机制

面对公私合作过程中出现的争议，有学者曾抛出了一个疑问，即使在解决实体问题时可以弱化公法与私法的划分，但司法审查方式和法律技术的运用则需在一定程度上划定公法与私法的界限，这也造成纠纷解决方式的多样化，应如何在公法和私法救济途径中作出恰当选择和正确判断？[1]对此，有学者提出，应当将此类活动引起的争议通过立法全部纳入行政诉讼，以防止行政遁入私法而失去监督。[2]也有学者持反对态度，认为只要能够为相对人提供良好的司法救济途径，则并不需要将所有的争议都纳入行政诉讼范围。[3]"治安承包"的过程无法避免争议的发生，在各种实践模式中，公共部门（公安机关）与私人承包组织或个

---

① 胡敏洁.以私法形式完成行政任务[J].政法论坛,2005(6):174.

② 章剑生.现代行政法基本理论[M].北京:法律出版社,2008:13.

③ 刘飞.试论民营化对中国行政法制之挑战——民营化浪潮下的行政法思考[J].中国法学,2009(2):12.

人以及受影响的民众之间大致形成了三重法律关系，即公共部门（公安机关）与私人承包组织或个人之间的法律关系，私人承包组织或个人与受影响的民众之间的法律关系，公共部门（公安机关）与受影响的民众之间的法律关系。欲全面地构建起"治安承包"的争议解决机制，需要针对每一种法律关系的特殊性进行具体分析，从而选择契合该法律关系的争议解决方式。

第一种法律关系，公共部门（公安机关）与私人承包组织或个人之间的法律关系。在该法律关系中，有关争议可以通过双方缔结的治安承包协议（合同）中预先约定的争议解决条款予以解决。然而，当争议升级导致协议条款无法解决时，就需要寻求其他的司法途径。此时，就需要对特定的争议进行性质界定。如果属于行政争议，则纳入行政诉讼的范围；反之，则寻求其他争议解决方式。

第二种法律关系，私人承包组织或个人与受影响的民众之间的法律关系。在该法律关系中，可以根据私人承包方的"权力"来源——治安承包协议（合同）的性质进行分析，性质判断的标准在于是否存在公权力的作用。如果存在公权力的作用，则为行政协议，通过行政诉讼解决争议；如果不存在公权力的作用，则为民事合同，采取民事纠纷解决方式。

第三种法律关系，公共部门（公安机关）与受影响的民众之间的法律关系。如果说前两种法律关系中产生的争议是显性的，那么在第三种法律关系中，争议是虚拟的。虚拟的争议并不意味着公共部门（公安机关）与受影响的民众之间不存在发生争议的可能。基于国家担保责任的法理，两者之间仍然存在发生争议的基础。①虽然公共部门（公安机关）没有对民众的权利直接造成影响，但其作为私人承包方背后的支持

---

① 杨欣.民营化的行政法研究[M].北京:知识产权出版社,2008:240-241.

者，争议的实质是第二种法律关系中争议的升华。因此，争议解决方式与第二种类似。

总体而言，在以往公私合作（民营化）的研究视野中，特许经营合同的行政性已经普遍得到接受，通过行政诉讼解决特许经营争端已经在《行政诉讼法》中得到确认。有鉴于此，在今后的"治安承包"实践模式中，私人承包组织或个人背后大多存在明显的公权力作用，也应当探索发挥行政诉讼在其争议解决中的重要作用，将治安承包协议纳入行政诉讼的法定受案范围。

5.3.2.3.3 责任追究机制

实证观察显示，在大量涉及治安承包组织或个人的执法案件中，往往在案件信息调查公布之后，发现侵权案件系治安承包组织或人员所为，案件的责任自然由治安承包方承担，事件的处理则以解聘该治安承包人员或与治安承包组织解除合同关系而告终（属于退出机制的一部分）。这似乎将公共部门（公安机关）及其工作人员的责任推得一干二净，很可能导致受侵害的民众无法获得充分、满意的救济。事实上，这种实践做法并不为现有法律规范体系所认同。例如，《治安保卫委员会暂行组织条例》第九条就规定了基层政府、公安机关与治安保卫委员会之间的领导与被领导关系。在《保安服务管理条例》第三条中也将政府部门、公安机关与保安服务公司之间的相互关系确定为监督与管理的关系。还可以看到，多地关于交通协管员等警务辅助人员的规定都确定了公安机关与警务辅助人员之间指导与被指导的关系。换言之，既有规定实际上隐含了一个立场，即当发生治安承包组织或个人的侵权事件时，政府部门（公安机关）应当被追究领导、管理、监督、指导不当的责任。遗憾的是，既有规范只是着力于表述公私部门之间的这种领导、管理、监督、指导关系，却对领导、管理、监督、指导不当之后的责任如何承担缺少笔墨。因此，事后责任追究机制的构建，也将在一定程度上弥补既有规范的空白。

在承认公共部门（公安机关）责任的基础上，根据我国《行政诉讼法》《国家赔偿法》的相关规定以及公务员行政赔偿责任理论，由国家赔偿相对人因行政侵权行为遭受的损害，但国家可以追究有故意或者重大过失的公务员的赔偿责任。换言之，我国行政赔偿责任者并不仅限于行政主体，公务员因行政追偿制度的存在而间接地成为行政赔偿责任者。然而，实践中行政主体行使行政追偿权来追究公务员赔偿责任的情况很少出现，行政追偿制度流于形式。有学者认为，假如由国家全面取代公务人员承担起公权力损害赔偿责任会弱化和放松公务人员的行为约束机制，甚至会让公务人员对其侵权行为的后果无所顾忌而恶意行使权力或任意疏忽职责要求。①特别是在公共部门（公安机关）的个别公务人员（警察）疏于领导、管理、监督、指导治安承包方的情况下，这种松散的追责关系无法提醒具体的公务人员（警察）时刻注意其个体对于治安承包的领导、管理、监督、指导义务。因此，规范应当明确，在由公共部门（公安机关）承担责任之后，还应当追责至具体的公务人员（警察）个人。此时，可以采取客观标准考察公务人员（警察）是否已经尽到一个行政人员应当具备的领导、管理、监督、指导义务。

总之，对于领导、管理、监督、指导等责任的理解应当包括两个维度的含义：一个维度是具体公务人员（警察）管理、监督、指导不当的直接责任；另一个维度是政府（公安机关）的间接领导责任，涉及政府问责的范畴。前述已经在"治安承包"过程的责任配置问题中对于公私部门之间的责任分配进行了详细分析，此处不再赘述。在未来的制度设计中，除了由治安承包方承担事件责任之外，应当将公共部门（公安机关）及其公务人员（警察）的保障或担保责任在制度上明确为直接责任

---

① 沈岿.国家赔偿:代位责任还是自己责任[J].中国法学,2008(1):103.

并积极承担相应的后果。公安部在《关于加强交通协管员队伍建设的指导意见》中就交通协管员管理实行的"谁用人、谁管理、谁负责"的原则就值得借鉴。与此同时，还应当通过行政问责制度的构建将"治安承包"的后果纳入政府问责的事项之中，明确为公共部门（公安机关）的间接责任。

结　论

在公私合作或者说民营化的浪潮中，出于实际的需要和行政目的的实现，秩序行政领域在一定程度上突破了传统上的国家核心权力法律保留的禁区，开始有限度地接受市场和社会力量的参与。然而，这样的视野囿于公私合作或民营化的理论进路，可能会与我国自身的法治土壤不相契合。从"治安承包"理论框架的提出，到其在我国生成与发展的历史基础与理论基础的证成，考察其理论框架下的各种实践模式，再到分析其在我国既有规范系统中的合政策性、合宪性、合法性依据，可以说"治安承包"是一个符合我国本土法治语境的实践现象集合和理论话语，相关研究的展开有赖于中国进路。另外，针对"治安承包"理想模式的过程构造以及后续的阶段性制度设计，符合了"试验—立法"的法治改革路径，崭新的规范指引有助于统一实践中较为混乱的做法，为合作型治安模式在我国的推行提供完整的制度支持，也将为秩序行政领域的其他公私合作模式提供借鉴，并能够一定程度上反哺公共行政部门的改革，共同推动国家治理能力和治理体系迈向现代化。

此外，"治安承包"理论框架下的各种实践模式亦有优劣之分，如典型的"治安承包"模式充分平衡了公共部门与私人部门之间的角色作用，相较于受公共部门（公安机关）直接管理的警务辅助人员制度而言，其在社会治安资源的优化配置上更具优势，而后者很可能重新落入公务员编制缺口、财政经费短缺的困境。因此，在统合提升"治安承包"的既有规范，制度化构建"治安承包"理想模式的同时，还可以针对不同的实践模式展开比较分析，探析公私部门之间如何更合理地配置社会治安权限与任务，把握"治安承包"的较佳模式，从而辅助于国家未来社会治安政策和策略的调整升级。总之，在社会发展和治安形势动态变化的时代，公私部门之间关于社会治安权限与任务的配置问题将长期存在，相关的制度细节也极有可能在未来针对新的情势而进行合适的调整。可以说，"治安承包"的系列实践模式具有持续的研究价值。

参考文献

一、国外译著类

[1] 萨瓦斯.民营化与公私部门的伙伴关系[M].周志忍,等,译.北京:中国人民大学出版社,2002.

[2] 萨瓦斯.民营化与PPP模式:推动政府和社会资本合作[M].周志忍,等,译.北京:中国人民大学出版社,2015.

[3] 弗里曼.合作治理与新行政法[M].毕洪海,陈标冲,译.北京:商务印书馆,2010.

[4] 多纳休,泽克豪泽.激变时代的合作治理[M].徐维,译.北京:中国政法大学出版社,2015.

[5] 斯图尔特.美国行政法的重构[M].沈岿,译.北京:商务印书馆,2011.

[6] 沃克.美国警察[M].公共安全研究所,译.北京:群众出版社,1987.

[7] 罗尔斯.正义论[M].何怀宏,何包钢,廖申白,译.北京:中国社会科学出版社,1988.

[8] 博登海默.法理学、法律哲学与法律方法[M].邓正来,译.北京:中国政法大学出版社,2004.

[9] 萨托利.民主新论[M].冯克利,阎可文,译.上海:上海人民出版社,2009.

[10] 曼斯菲尔德.驯化君主[M].冯克利,译.南京:译林出版社,2005.

[11] 马肖.贪婪、混沌和治理[M].宋功德,译.北京:商务印书馆,2009.

[12] 戴维斯.立法法与程序（影印本）[M].北京:法律出版社,2005.

[13] 盖尔霍恩,莱文.行政法（影印本）[M].北京:法律出版社,2001.

[14] 迈耶.德国行政法[M].刘飞,译.北京:商务印书馆,2013.

[15] 毛雷尔.行政法学总论[M].高家伟,译.北京:法律出版社,2000.

[16] 沃尔夫,巴霍夫,施托贝尔.行政法（第3卷）[M].高家伟,译.北京:商务印书馆,2007.

[17] 阿斯曼.秩序理念下的行政法体系建构[M].林明锵,等,译.北京:北京大学出版社,2012.

[18] 施托贝尔.经济宪法与经济行政法[M].谢立斌,译.北京:商务印书馆,2008.

[19] 霍布斯.利维坦[M].黎思复,黎延弼,译.北京:商务印书馆,2016.

[20] 梅因.古代法[M].沈景一,译.北京:商务印书馆,2015.

[21] 边沁.政府片论[M].沈叔平,等,译.北京:商务印书馆,2015.

[22] 哈洛,理查德·罗林斯.法律与行政[M].杨伟东,译.北京:商务印书馆,2004.

[23] 尼奥克里尔斯.管理市民社会.[M].陈小文,译.北京:商务印书馆,2008.

[24] 戴维斯.社会责任:合同治理的公法探析[M].杨明,译.北京:中国人民大学出版社,2015.

[25] 卢梭.社会契约论[M].李平沤,译.北京:商务印书馆,2011.

[26] 狄骥.公法的变迁[M].郑戈,译.北京:商务印书馆,2013.

[27] 奥里乌.法源:权力、秩序与自由[M].鲁仁,译.北京:商务印书馆,2015.

[28] 福柯.规训与惩罚[M].刘北成,杨远婴,译.北京:生活·读书·新知三联书店,2009.

[29] 米丸恒治.私人行政——法的统制的比较研究[M].洪英,王丹红,

凌维慈,译.北京:中国人民大学出版社,2010.

[30] 盐野宏.行政组织法[M].杨建顺,译.北京:北京大学出版社,2008.

[31] 南博方.行政法（第六版）[M].杨建顺,译.北京:中国人民大学出版社,2009.

二、国内著作类

[32] 毛泽东选集（第二卷）[M].北京:人民出版社,1991.

[33] 毛泽东选集（第四卷）[M].北京:人民出版社,2003.

[34] 毛泽东选集（第三卷）[M].北京:人民出版社,1991.

[35] 公安部《罗瑞卿论人民公安工作》编写组.罗瑞卿论人民公安工作[M].北京:群众出版社,1994.

[36] 王名扬.法国行政法[M].北京:中国政法大学出版社,1997.

[37] 王名扬.美国行政法（上、下）[M].北京:北京大学出版社,2016.

[38] 王名扬.英国行政法 [M].北京:北京大学出版社,2007.

[39] 罗豪才,宋功德.软法亦法:公共治理呼唤软法之治[M].北京:法律出版社,2009.

[40] 应松年.行政法与行政诉讼法学[M].北京:中国人民大学出版社,2009.

[41] 姜明安.法治思维与新行政法[M].北京:北京大学出版社,2013.

[42] 章剑生.现代行政法基本理论[M].北京:法律出版社,2008.

[43] 陈新民.德国公法学基础理论（上、下卷）[M].北京:法律出版社,2010.

[44] 余凌云.行政法讲义[M].北京:清华大学出版社,2014.

[45] 章志远.行政任务民营化法制研究[M].北京:中国政法大学出版社,2014.

[46] 杨欣.民营化的行政法研究[M].北京:知识产权出版社,2008.

[47] 邹东升.契约治理视域的治安承包[M].北京:中国检察出版社,

2009.

[48] 于立深.契约方法论——以公法哲学为背景的思考[M].北京:北京大学出版社,2007.

[49] 徐昕.论私力救济[M].桂林:广西师范大学出版社,2015.

[50] 黄锦荣.行政组织法论[M].台北:翰芦图书出版公司,2005.

[51] 秦立强.社会稳定的安全阀:中国犯罪预警与社会治安评价[M].北京:中国人民公安大学出版社,2004.

[52] 郭成伟.社会控制:以礼为主导的综合治理[M].北京:中国政法大学出版社,2008.

[53] 陆永.当代中国警政与现代国家成长[M].南京:江苏人民出版社,2015.

[54] 陈鸿彝.中国古代治安简史[M].北京:群众出版社,1998.

[55] 王瑞山.中国传统治安思想研究——以"盗贼"为考察对象[M].法律出版社,2016.

[56] 万川.中国警政史[M].北京:中华书局,2006.

[57] 王瑞山.安全管理与私人保安[M].上海:上海人民出版社,2014.

[58] 公安部第四研究所编.外国警察法[M].北京:中国法制出版社,2007.

[59] 郭太生.保安业与社会安全:国际、理论与实践[M].北京:法律出版社,2015.

[60] 罗维,等.地方政府社会治理能力建设研究[M].北京:法律出版社,2015.

[61] 何海波.司法审查的合法性基础[M].北京:中国政法大学出版社,2007.

[62] 高道蕴,高鸿钧,贺卫方.美国学者论中国法律传统[M].北京:中国政法大学出版社,1994.

[63] 马长山.法治进程中的"民间治理":民间社会组织与法治秩序关系的研究[M].法律出版社,2006.

[64] 欧阳爱辉.私人刑事调查法制化研究[M].北京:中国文史出版社,2013.

三、国内论文类

[65] 曹子东.关于广东省南海、顺德两县推行治安承包责任制的调查报告[J].中国法学,1985(1).

[66] 本刊评论员.要同步地落实社会治安的综合治理[J].中国法学,1985(1).

[67] 胡叙明.推行治安承包责任制　促进综合治理措施落实[J].中国法学,1986(3).

[68] 中国法学会、四川省法学会联合调查组.关于四川省广汉、射洪、南部三县实行社会治安综合治理的调查报告[J].中国法学,1985(1).

[69] 沃耘.民事私力救济的边界及其制度重建[J].中国法学,2013(5).

[70] 孙潮,沈伟.BOT投资方式在我国的适用冲突及其法律分析[J].中国法学,1997(1).

[71] 刘飞.试论民营化对中国行政法制之挑战——民营化浪潮下的行政法思考[J].中国法学,2009(2).

[72] 沈岿.国家赔偿:代位责任还是自己责任[J].中国法学,2008(1).

[73] 莫于川.论行政指导的立法约束[J].中国法学,2004(2).

[74] 陈鹏.公法上警察概念的变迁[J].法学研究,2017(2).

[75] 周尚君.党管政法:党与政法关系的演进[J].法学研究,2017(1).

[76] 章志远.私人参与警察任务执行的法理基础[J].法学研究,2011(6).

[77] 余凌云.行政法上的假契约现象——以警察法上各类责任书为考察对象[J].法学研究,2001(5).

[78] 喻中.权力的起源:一个比较法文化的考察[J].现代法学,2003(2).

[79] 邱本.契约总论[J].吉林大学社会科学学报,1995(4).

[80] 罗峰.社区公共治理与和谐社区的组织化构建[J].中国行政管理,2008(8).

[81] 王石泉.转型社会的中国公共行政:挑战、变革与创新[J].中国行政管理,2013(9).

[82] 李年清.私人行政司法审查受案标准的美国经验——兼论我国私人行政责任机制的构建[J].法制与社会发展,2015(3).

[83] 郭泽强."权利与权力"框架下的防卫权[J].法学,2014(11).

[84] 江利红.以行政过程为中心重构行政法学理论体系[J].法学,2012(3).

[85] 公丕祥.董必武司法思想述要[J].法制与社会发展,2006(1).

[86] 文正邦.论司法改革与公民参与问题[J].法学,2010(3).

[87] 胡敏洁.以私法形式完成行政任务[J].政法论坛,2005(6).

[88] 杨登峰.行政法诚信原则的基本要求与适用[J].江海学刊,2017(1).

[89] 李震山.私人参与警察任务执行之法律观[J].警政学报,1990(1).

[90] 陈爱娥.公营事业民营化之合法性与合理性[J].月旦法学杂志,1998(5).

[91] 刘淑范.行政任务之变迁与"公私合营事业"之发展脉络[J].中研院法学期刊,2008(2)

[92] 王天华.行政委托与公权力行使——我国行政委托理论与实践的反思[J].行政法学研究,2008(4).

[93] 李卫海.我国安保业转型的法学思考——美国私人安保警察化的启示[J].政法论坛,2015(3).

[94] 黄娟.行政委托内涵之重述[J].政治与法律,2016(10).

[95] 于立深.行政协议司法判断的核心标准:公权力的作用[J].行政法学研究,2017.

[96] 刘东亮.涉及科学不确定性之行政行为的司法审查——美国法上

的"严格检视"之审查与行政决策过程的合理化借鉴[J].政治与法律,2016(3).

[97] 马龙君,张松.BOT特许协议中的公众参与研究[J].行政法学研究,2017(2).

[98] 胡斌.私人规制的行政法治逻辑:理念与路径[J].法制与社会发展,2017(1).

[99] 喻少如.合作行政背景下行政程序的变革与走向[J].武汉大学学报（哲学社会科学版）,2017(2).

[100] 许文义.警察委托行政之研究[J].警政学报,1992(1).

[101] 林昱海.警察任务民营化理论初探[J].月旦法学杂志,2003(11).

[102] 骆梅英.从"效率"到"权利":民营化后公用事业规制的目标与框架[J].国家行政学院学报,2013(4).

[103] 杜仪方.公私协作中国家责任理论的新发展——以日本判决为中心的考察[J].当代法学,2015(3).

[104] 邹焕聪.论调整公私协力的担保行政法——域外经验与中国建构[J].政治与法律,2015(10).

[105] 陈军.公私合作执行行政任务的国家责任探析[J].西部法学评论,2016(1).

[106] 杨彬权.论国家担保责任——担保内容、理论基础与类型化[J].行政法学研究,2017(1).

[107] 余凌云.对我国行政问责制度之省思[J].法商研究,2013(3).

[108] 章志远.民营化、规制改革与新行政法的兴起——从公交民营化的受挫切入[J].中国法学,2009(2).

[109] 沈岿.监控者与管理者可否合一:行政法学体系转型的基础问题[J].中国法学,2016(1).

[110] 喻文光.PPP规制中的立法问题研究——基于法政策学的视角

[J].当代法学,2016(2).

[111] 吴永明.美国社区警务理论[J].公安研究,2001(3).

[112] 邱煜.治安承包的理论与实践[J].中国人民公安大学（社会科学版）,2003(5).

[113] 董炯.政府管制研究——美国行政法学发展新趋势评介[J].行政法学研究,1998(4).

[114] 马怀德.公务法人问题研究[J].中国法学,2000(4).

[115] 金自宁.解读"治安承包"现象———探讨公法与私法融合的一种可能性[J].法商研究,2007(5).

[116] 蔡金荣.治安承包再思考———法理阐释、制度依托与行为规范[J].中国人民公安大学学报（社会科学版）,2010(2).

[117] 万川."治安"词义源流考[J].北京警察学院学报,2004(4).

[118] 陈鸿彝.对古代治安的理论思考[J].公安大学学报,2002(2).

[119] 张凤桐.充分发挥居民委员会在社会治安综合治理中的作用——关于北京市居民委员会的调查[J].中国政法大学学报,1984(2).

[120] 宣安.从江苏射阳县看如何加强农村治保组织建设[J].政治与法律,1987(6).

[121] 于洪军.人民调解和治安保卫制度发展方向初探[J].公安大学学报,1988(6).

[122] 康大民.展望21世纪的公安学建设[J].公安学刊（浙江公安高等专科学校学报）,1999(6).

[123] 郭太生.本科治安学专业课程教学改革初探[J].公安教育,2007(1).

[124] 谢惠敏.对"治安"一词的再认识[J].公安大学学报,1995(1).

[125] 金其高.论大治安[J].中国人民公安大学学报（社会科学版）,2010(6).

[126] 宫志刚.治安本质论[J].中国人民公安大学学报,2004(2).

[127] 王彩元.对治安概念的理性思考[J].中国人民公安大学学报,2003(2).

[128] 张旭红.大治安与小治安——谈治安学学科与专业建设[J].福建警察学院学报,2013(6).

[129] 宫志刚,等.关于治安学二级学科建设的若干思考[J].山东警察学院学报.2012(3).

[130] 邹湘江."治安学"专业术语英文译名探究[J].中国人民公安大学.2015(2).

[131] 陈涌清.论治安学研究对象的确定[J].中国人民公安大学学报（社会科学版）.2011(1).

[132] 王均平.安全还是秩序——治安理论与实践之上位概念分析及选择[J].中国人民公安大学学报（社会科学版）,2009(6).

[133] 陈周旺,申剑敏.国外治安理论主要模式及其发展趋势[J].国外社会科学,2011(3).

[134] 谷书堂.对承包制历史方位和发展前景的再思考[J].湖北社会科学,1989(1).

[135] 王利敏.也要有些"社会承包"[J].社会,1985(3).

[136] 黄新春.论警力资源的科学配置与使用[J].公安学刊（浙江警察学院学报）,2009(1).

[137] 邱煜.西方警务民营化改革运动对中国警务改革的启示[J].社科纵横,2008(12).

[138] 郑孟望,邱煜.美国警务民营化改革及其启示[J].中国人民公安大学学报（社会科学版）,2009(3).

[139] 田心铭.群众路线:从毛泽东到党的十八大[J].思想理论教育导刊,2013(7).

[140] 康大民.人民治安刍议[J].中国人民公安大学学报,2005(5).

[141] 刘国富.发扬"枫桥经验" 赋予人民治安道路新内涵[J].公安研究,2013(12).

[142] 曹文安.论社会治安防控体系的构建[J].山东警察学院学报,2006(2).

[143] 熊一新.论社会治安防控体系建设[J].中国人民公安大学学报（社会科学版）,2004(4).

[144] 刘锦涛,范大裕.试论推进社会治安资源整合的基本路径[J].山东警察学院学报,2013(6).

[145] 张佳俊.略论当代社会治策的战略转型[J].经济师,2012(11).

[146] 于阳.从社会治安到社会管理:综治工作的五个转变[J].预防青少年犯罪研究,2012(11).

[147] 金怡,丁勇.我国现代警务辅助人员制度建设探析[J].中国人民公安大学学报（社会科学版）,2015(3).

[148] 邹焕聪.警务辅助人员理论研究的悖论——从我国首部警务辅助人员地方政府规章切入[J].中国人民公安大学学报（社会科学版）,2012(6).

[149] 马敏艾.城郊接合部治安管理城市化问题初探[J].公安大学学报,1988(4).

[150] 许妙发.从人口流动看户籍管理体制的改革趋势[J].社会科学,1989(2).

[151] 左袖阳.新时期我国治安志愿者法律关系模式研究[J].中国社会科学院研究生院学报,2009(4).

[152] 肖剑鸣.论经济因素在罪因系统中的地位[J].青年研究,1985(5).

[153] 欧燎原.安造乡实行渔业治安承包两年鱼产量翻两番[J].湖南水产,1987(6).

[154] 刘士文.新形势下旅客列车的治安管理[J].公安大学学报,1987(3).

[155] 李化钧.自力更生开创治安防范新局面[J].公安大学学报,1987(4).

[156] 程璞.上海社会治安综合治理十年谈[J].上海大学学报（社会科学版）,1991(2).

[157] 赵建琼.确定治安目标 落实治安措施——谈大型百货商店内部治安综合治理目标实施的措施[J].社会,1990(12).

[158] 吕德文.综合治理视角下的治安联防制度变革[J].中共宁波市委党校学报,2016(6).

[159] 雷明源.论防范[J].公安大学学报,1990(2).

[160] 熊一新.警务改革背景下我国警务辅助力量建设[J].中国人民公安大学学报（社会科学版）,2014(4).

[161] 左袖阳.治安志愿者法律关系模式研究[J].中国人民公安大学学报（社会科学版）,2009(3).

[162] 郑孟望.关于治安承包合法性的理性分析[J].湖北警官学院学报,2009(1).

[163] 黎津平."治安承包"是社会治安综合治理的一种新形式[J].新疆警察学院学报,2004(3).

[164] 周锋.湛江市治安承包责任制探索[J].公安大学学报,1987(2).

[165] 郑孟望.治安承包的理论依据及其完善[J].湖南社会科学,2004(3).

[166] 刘云山.认识中国共产党的几个维度[J].当代世界,2014(7).

[167] 邹东升,胡术鄂.公共治安承包的合法性困境解析[J].学术论坛,2007(7).

[168] 张君周.论客舱执法中的权力配置与冲突应对[J].甘肃政法学院

学报,2010(2).

[169] 王应富.论远洋船舶船长的警察权之法律规制[J].中国人民公安大学学报（社会科学版）,2013(6).

[170] 林泰,杨靖文.司法权视野中的行政合同——以"行政优益权"为基础的分析[J].理论月刊,2011(7).

[171] 刘兴奇.关于群防群治工作的探索[J].公安大学学报,1992(4).

[172] 王晓滨,张旭.创新立体化社会治安防控体系研究——以结构功能相关律为关照[J].北方法学,2015(2)

[173] 王建新.社会治安防控体系法治保障研究[J].中国人民公安大学学报（社会科学版）,2015(2).

[174] 徐肖东.交通协管员参与执法的定位及限度——由违法停车告知（提醒）单而引出的话题[J].山东青年政治学院学报,2017(2).

[175] 苏宇.警察权属性的考辨与反思[J].公安学研究,2021(2).

[176] 熊一新.论治安管理的基本原则[J].中国人民公安大学学报,2003(1).

四、外文文献类

[177] SAVAS E S. Privation: The Key to Better Government[M]. Chatham, NJ: Chatham House, 1987.

[178] DRUCKER P F. The Age of Discontinuity[M]. New York: Harper & Row, 1969.

[179] GRAIG P P. Administrative Law[M].London: Sweet & Maxwell, 1994.

[180] NEWBURN T. Administrative Law[M].London, Sweet & Maxwell, 1994: 567-568.

[181] BOUCHER D, KELLY P. The Social Contract from Hobbs to Rawls [M]. London: Routledge, 1994.

[182] HE B S. Crime and Control in China[M]// HEILAND H G, SHELLEY L I, KATCH H. Crime and Control in Comparatives. Berlin, Boston: De Gruyter, 2012.

[183] HENING J R. Privatization in the United States: Theory and Practice [J]. Political Science Quarterly, 1989–1990, 104(4).

[184] WHITE A. The Politics of Police "Privatization": A Multiple Streams Approach[J]. Criminology and Criminal Justice, 2014, 15(3).

[185] HARKIN D. Simmel, The Police Form and the Limits of Democratic Policing[J]. British Journal of Criminology, 2015, 55(4).

[186] WILLIAMSON O E, Transaction–Cost Economics: The Governance of Contractual Relation[J]. Journal of Law and Economics, 1979, 22(2).

[187] LISTER S, ROWE M. Electing Police and Crime Commissioners in England and Wales: Prospecting for the Democratisation of Policing[J]. Policing and Society, 2015, 25（4）: 358–377.

[188] LANDES W M, POSNER R A. The Private Enforcement of Law[J]. Journal of Legal Studies, 1975: 4.

[189] Volokh A. The New Private–Regulation Skepticism: Due Process, Non–Delegation and Antitrust Challenges[J]. Harvard Journal of Law & Public Policy, 2014, 37(3).

[190] HUNDLEY W. Neighborhoods Turning to Armed Guards: More Owners Paying in An Effort to Feel Secure, Kee Phome Values up. Dallas Morning News[N], 2003–06–15(1).

五、论文集类

[191] 梁启超.卢梭学案[C]//葛懋春,蒋俊.梁启超哲学思想论文集.北京:北京大学出版社,1984.

[192] 王大伟.中西社区警务改革比较——简评南京市公安局社区警

务战略[C]//社区警务国际研究会论文集.北京:中国人民公安大学出版社,2002.

[193] 高春燕."民营化时代下的中国行政法"学术研讨会综述[C]//胡建淼.公法研究（第四卷）.杭州:浙江大学出版社,2005.

[194] 刘宏斌.治安学研究对象刍议[C]//郭太生.治安学论丛（第2卷）.北京:中国人民公安大学出版社,2004.

[195] 孟凡铭,吴业楠.浅议治安承包[C]//郭太生.治安学论丛（第3卷）.北京:中国人民公安大学出版社,2006.

六、古籍类

[196] 通典（卷三）[M].北京:中华书局,1986.

[197] 魏书·李崇传（卷六十六）[M].北京:中华书局,1990.

七、报刊类

[198] 张广兴.法学研究应强化中国问题意识[N].中国社会科学报,2016-12-28(4).

[199] 姜明安.行政法学研究范式转换[N].人民日报,2015-09-07(20).

[200] 李娜.突发疾病猝死岗位民警居高不下[N].法制日报,2015-04-02(5).

[201] 赵信.尼斯之后:应对恐怖袭击要从根子入手[N].21世纪经济报道,2016-07-18(6).

[202] 李培林.创新社会管理是我国改革的新任务[N].人民日报,2011-02-18(7).

[203] 夏永辉,等.襄州试行农村治安"承包制"[N].湖北日报,2015-02-11(13).

[204] 邓田田.西汉贾谊的《治安策》[N].学习时报,2021-10-22(7).

八、报告类

[205] 朔尔茨.法治国家和行政法:连续性和活力.法制国家现代化[R].

"德国国家行政管理经验及中国的前瞻"研讨会德方讲稿译文,2000.

九、学位论文类

[206] 敖双红.民营化语境下的行政法问责研究[D].长沙:中南大学,2007.

[207] 江利红.日本行政过程论研究[D].北京:中国政法大学,2008.

[208] 陈军.变化与回应:公私合作的行政法研究[D].苏州:苏州大学,2010.

[209] 李惠先.我国城市基础设施民营化管理体系的研究[D].长春:吉林大学,2011.

[210] 陈铭聪.公民参与行政任务研究[D].苏州:苏州大学,2013.

[211] 杨彬权.给付行政民营化后的国家担保责任研究[D].重庆:西南政法大学,2015.

[212] 张一熊.公私合作行政行为形式选择[D].南京:东南大学,2016.

[213] 刘海平.治安承包的行政法学思路[D].苏州:苏州大学,2006.

[214] 胡术鄂.治安承包制探讨[D].重庆:西南政法大学,2008.

[215] 朱威威.我国治安承包的反思和发展路径[D].重庆:西南政法大学,2015.

[216] 隋从容.改革开放以来中国共产党公安工作思想研究[D].济南:山东大学,2020.

十、网络资料类

[217] 孟建柱.加快创新社会治安防控体系建设[EB/OL].(2015-09-24)[2016-12-20].http://legal.people.com.cn/n/2015/0924/c42510-27628720.html.

[218] 郭声琨:深入推进社会治安防控体系建设[EB/OL].(2016-05-24)[2021-01-21].http://www.gov.cn/guowuyuan/2016-05/24/content_5076376.htm.

[219] 李均德.社会治安能承包吗?——方城县推行治安承包合同制引发争议[EB/OL].(2003-05-20)[2016-11-01].http://hnfy.chinacourt.org/arti-

cle/detail/2003/05/id/674852.shtml.

[220] 山东泰安市实行基层治安防范承包责任制[EB/OL].(2001-01-02)[2022-01-20]. https://news.sina.com.cn/c/164549.html.